民族之魂

不屈不挠

陈志宏◎编著

延边大学出版社

图书在版编目（CIP）数据

不屈不挠 / 陈志宏编著 . —— 延吉 : 延边大学出版
社 , 2018.4（2023.3 重印）
（民族之魂 / 姜永凯主编）
ISBN 978-7-5688-4488-8

Ⅰ . ①不… Ⅱ . ①陈… Ⅲ . ①品德教育－中国－青少
年读物 Ⅳ . ① D432.62

中国版本图书馆 CIP 数据核字（2018）第 069499 号

不屈不挠

编　　　著：陈志宏
丛 书 主 编：姜永凯
责 任 编 辑：王　静
封 面 设 计：映像视觉
出 版 发 行：延边大学出版社
社　　　址：吉林省延吉市公园路 977 号　　邮编：133002
网　　　址：http://www.ydcbs.com　E-mail：ydcbs@ydcbs.com
电　　　话：0433-2732435　　　　传真：0433-2732434
发行部电话：0433-2732442　　　　传真：0433-2733056
印　　　刷：三河市同力彩印有限公司
开　　　本：640×920 毫米　　　1/16
印　　　张：8　　　　　　　字数：90 千字
版　　　次：2018 年 4 月第 1 版
印　　　次：2023 年 3 月第 3 次印刷
ISBN 978-7-5688-4488-8

定价：38.00 元

人有灵魂，国有国魂；一个民族，也有民族魂。

鲁迅先生曾经说过："唯有民魂是值得宝贵的，唯有他发扬起来，中国才有真进步。"

鲁迅先生以笔代戈，战斗一生，曾被誉为"民族魂"。

民族魂，顾名思义，就是一个民族的灵魂！民族魂，是一个民族的精髓，体现了一种民族的精神，是一个民族生存和存在的精神支柱。

什么是中华民族的民族魂？那就是中华民族精神！它是中华民族凝聚力的理念核心，是中华文明传承的基因。它包含热烈而坚定的爱国情感，对生活的美好愿望和追求，为目标努力奋斗的拼搏毅力，为正义事业不惜牺牲自己的精神，以及正确的人生观和价值观。

前 言

翻开浩瀚的中国历史长卷，我们可以看到数不胜数的，体现民族精神和民族魂的英雄人物和可歌可泣的感人故事。

民族魂，不仅体现在爱国主义精神和行动中，而且体现在各个领域自强不息的民族奋斗中。而中华民族精神的力量，更是深深植根于延绵几千年的传统文化之中，始终是维系中华各族人民共同生活的纽带，是支撑中华民族生存和发展的精神支柱，是不断推动中华民族前进的强大动力。

民族魂体现在"重大义，轻生死"的生死观中；民族魂体现在"国家兴亡，匹夫有责"的使命感中；民族魂体现在"我以我血荐轩辕"的大无畏精神中；民族魂体现在将国家利益置于最高的爱国情怀中！

纵观中华五千年文明史，曾经有多少杰出的政治家、军事家、思想家、文学家、科学家、艺术家；曾经有多少忧国忧民、鞠躬尽瘁的仁人志士；曾经有多少抗击外敌、英勇献身的民族英雄。他们或顺应历史潮流，积极改革弊政，励精图治，治国安邦，施利于民；或为人类进步而不断进行着农业、工业、科技、社会等各种创新；或开发和改造河山，不断创造着灿烂的中华文明；或英勇反击外来侵略，捍卫着国家主权和民族尊严；或坚决反对民族分裂，维护国家的统一……他们从不同的侧面，体现了中华民族的民族魂，谱写了几千年中华文明的壮丽诗篇，铸造了中华民族高尚而坚不可摧的"民族之魂"。

民族魂，就是爱国魂。从屈原在汨罗江边高唱的《离骚》，到文天祥大义凛然赴死前的"人生自古谁无死，留取丹心照汗青"的诗句；从岳飞的岳家军抗击入侵金兵，到郑成功收复台湾；从血雨腥风的鸦片战争，到硝烟弥漫的十四年抗战，再到抗美援朝的隆隆炮声……哪个为国捐躯的英雄不是可歌可泣的？

民族魂，就是奋斗魂。从勾践卧薪尝胆，到司马迁秉笔直书巨著《史记》；从鉴真东渡传播佛法终在第六次成功，到詹天佑自力更生建铁路；从袁隆平百次实验成为"水稻之父"，到屠呦呦的青蒿素获得诺贝尔奖……哪个不是历经艰难，最终取得成功？

民族魂，就是改革献身魂。从管仲改革到商鞅变法；从王安石变法到百日维新……哪次变法图强不是要冲破旧势力的阻挠，或流血牺牲？

民族魂，就是创新魂。古有毕昇发明活字印刷，今有王选计算机照排；古有指南针、造纸术、火药、浑天仪、地动仪的发明，今有神舟号的相继飞天……哪个不是中华民族的智慧结晶？

自古以来，多少仁人志士为了维护人格的尊严和民族气节，以生命为代价！留下了"玉可碎不可污其白，竹可断不可毁其节"的称颂；有多少英雄豪杰，为理想和事业奋斗，面对死亡的威胁，大义凛然；有多少爱国壮士面对侵犯祖国的列强，挺身而出而献出生命。

前 言

伟大的中华民族孕育了五千年的辉煌，五千年的历史留下了璀璨的中华文明。

中国人的血脉流淌着顽强不屈的精神！我们的先辈用血汗和生命铸就了不朽的中华民族魂！换得如今中华大地的一片祥和安宁，换得我们现在的幸福生活。如今，我们要实现习近平主席提出的中国梦，依然需要我们秉承祖辈留下的这种"民族魂"。

青少年是国家的希望，亦是民族的未来。因此，爱国主义教育和励志图强教育要从青少年开始。为了增强对青少年的民族精魂和志向教育，我们精心编写了本套丛书——《民族之魂》丛书。

本套丛书将我国有史以来体现民族精神和民族魂的典型事迹，以通俗易懂的语言故事形式展现出来，适合青少年的阅读水平和欣赏角度。书中提供的人物和事件等故事，涉及社会的各个方面，有利于青少年学习和理解，使读者能全方位地领悟中华民族精神。

　　为了帮助读者更好地理解和吸收故事的精神，编者在每篇故事后还给出了"心灵感悟"，旨在使故事更能贴近现实社会，让读者结合自身的需要学习领会，引发读者更深入的思考。

　　希望读者们可以从本套图书中获得教益，通过阅读，真正体会到中华民族之魂所在，同时能汲取其精华，不断提升自己各方面的素质和品格，为祖国新时代的建设和发展做出努力。

　　全套丛书分类编排，内容详尽，风格独具，是广大读者尤其是青少年爱国励志教育的优秀阅读材料。相信本套丛书一定可以成为青少年朋友的良师益友。

民族之魂

导言

　　或许你知道唐朝玄奘是如何经历了九九八十一难而取得真经的，可是你知道当今世界上单腿独臂骑自行车行程最远的人吗？或许你很佩服勾践的大臣范蠡靠自己的双手发家致富，可是你知道香港首富李嘉诚的事迹吗？你也许没有听说过给沙漠穿绿衣的地球保姆，也不知道奥运健儿们成功背后的辛酸！

　　但是，我们知道，他们都是坚韧顽强的人，都有着顽强的生命力，有着坚定的意志。在困难面前不屈不挠、奋斗不已。

　　中华民族自古以来就是有着优秀美德的民族。自古到今，人们都在用自己的生活诠释着坚韧顽强的精神，并且将其展现得淋漓尽致。

　　世界上没有任何一件事在没做之前就能肯定百分之百会成功。面对困难和失败，我们只能以顽强和坚韧自勉，直到取得成功。成功的人与失败的人只有一个区别：是否做到顽强和坚韧。

　　顽强与坚韧是行动的基本准则，是一个人走向成功非常重要的心理素质之一。一个人只有心里充满必胜的信念，对自己所从事的事业确信无疑，并且有坚忍不拔的意志，才能迈出坚定的步伐，才能有克服困难的力量和智慧，想出战胜困难和解决问题的方法，赢得他人的信赖与支持，最后达到目标。

许多人认为耗费大量的人力、物力去攀登珠穆朗玛峰是愚蠢的行为，因为有许多人为此付出了宝贵的生命，即使登上山顶的人也是空手而归，这实在是一件不划算的事情。但记者采访一位登上珠峰的队员时，他说："当我登上珠穆朗玛峰后，我才发现，原来我什么也没有征服，征服的只是我自己。"

其实，登上珠穆朗玛峰这种行为，就是要证明人类顽强和坚韧的能力，以鞭策、鼓励、激发人们克服困难的勇气。当你遭遇挫折时，你所要做的，就是要顽强和坚韧，用信心和毅力支撑着自己继续走下去。

许多成功人士小时候家里贫穷，没有受过良好的教育，但是对他们而言，资本、学识、家境、机遇都不是成功的决定性因素。他们成功的秘密就是坚韧和顽强，这也是他们最大的财富。要生存，就要进取；要成功，就要坚韧。他们就是凭借这种自强不息，向挫折、困难挑战的不屈毅力，才取得事业上的成功。

如果一个人对自己从事的职业充满怀疑，滋生颓废的心理，那么他就不会全身心地投入工作，就不能以坚韧的意志和顽强的精神贯穿始终，遇到困难就会马上退缩，这样，他所做的工作就会前功尽弃、半途而废。所以要想干成一件事，必须要具有昂扬的斗志和激情，抱定必胜的信心。成功固然需要机遇，但成功者凭借的是坚韧和顽强的精神。始终坚定自己的信念，无论遇到什么困难都不放弃。

导言

　　我们是幸福的一代，享受着前人给我们带来的丰富的物质生活，没有经历过什么艰难困苦，但是我们也会遇到困难和挫折，我们需要前辈的这种精神！我们应该继承民族的优良传统美德，并把它发扬光大。

　　读完此书，你会对坚韧顽强有更深的理解，你会发现尽管我们生活在和平及物质生活丰富的年代，坚韧顽强的精神依然需要我们继承，需要我们去发扬光大。汶川地震中的解放军战士、受伤后的刘翔，他们都用行动证明了这一点。

　　人的一生经历不相同，但相同的是每个人都有自己毕生努力追求的目标。那么，请你坚持住吧，永远不要放弃，并坚信，总有一天这个目标会实现。

目录
CONTENTS

第一篇

路漫漫其修远兮

鉴真东渡日本

鉴真，唐代僧人，俗姓淳于，广陵江阳（今扬州）人。晚年受日僧邀请，东渡传佛，履险犯难，双目失明，终抵奈良。在传播佛教与盛唐文化方面，鉴真做出了很大的历史贡献。鉴真不仅为日本带去了佛经，还促进了中日佛学文化的交流。在佛教、医药、书法等方面，鉴真对于日本都有极其深远的影响。

隋唐时期是中日文化交流的高峰时期，这一时期涌现出了大批文化传播的使者，我国的高僧鉴真便是其中最杰出的人物之一。

鉴真勤奋好学，遍投名师，潜心钻研佛教经典。他还到长安、洛阳求学。经过多年的努力，鉴真成为一名佛学造诣很深的高僧。

那时的日本，许多人不履行一定的手续就私自剃去头发，穿上僧衣，佛教界曾一度出现混乱状况。为了建立像唐朝那样严格而正规的受戒制度，日本政府派人到唐朝来请高僧鉴真。

来人向鉴真表达了请他东渡日本宣传佛法的意向，鉴真不顾自己已经年老体弱，爽快地答应了。

当时海防很严，政府不允许国人随意出海。于是鉴真秘密进行准备，对别人说是到天台山国清寺供奉，因陆路难行才改走水道。可是，在出发的前夕，他的出海计划被官府知道了。这样，第一次东渡失败。

不久，鉴真托人买了一艘大船，雇佣了几十名水手，悄悄地从扬州出发。不料船刚到长江口就遭到巨浪袭击，船损坏了，第二次东渡也失败。

后来，船修好了，鉴真领着弟子们再度出海东渡。但是刚行至舟山海面，船只触礁沉没。鉴真等人虽游上岸保住了性命，但第三次东渡又化为泡影。

随后的第四次东渡也因途中船只被官府查扣而未能成行。

又过了一段时间，经过精心筹备，鉴真再度从扬州崇福寺扬帆出海，可是再次遭遇风暴，船只漂流到海南岛南部，第五次东渡又失败了。这一次失败对鉴真打击尤为沉重。他的好友日僧荣睿和得意弟子祥彦先后逝去，自己也在颠沛之中双目失明。尽管如此，鉴真东渡的决心丝毫没有动摇。

公元753年，双目失明的鉴真毅然决定再次东渡。鉴真在弟子们的护送下离开扬州龙兴寺，并沿江而下到苏州，乘坐日方遣唐使团的船只赴日。随鉴真同行的还有24位中外知名的僧尼和居士。

一个多月后，鉴真一行人终于平安登上日本海岸。日本天皇得知高僧鉴真到来，派专使迎至京都，并将鉴真一行人赐居于东大寺。

鉴真六次东渡，历经磨难，终获成功。他随船带去了大批佛教典籍和大量佛事用品。到日本后，鉴真积极宣传佛法和戒律，为弘扬佛学文化和促进中日文化交流做出了突出贡献。

□故事感悟

鉴真立志东渡日本传播佛法，五次努力五次失败，失去了好友和得意弟子，自己也双目失明。但这些丝毫没有动摇他的意志，他终于在第六次成功东渡日本。通过努力，他不仅实现了自己的人生价值，也极大促进了中日的文化交流。

生活总会给我们设置障碍、出难题，但我们只要坚定目标，坚定信念，克服困难，就一定会柳暗花明。

■史海撷英

鉴真和尚在日本

鉴真率徒20多人于公元754年到日本后，受到日本孝谦女皇和各级官员隆重、热情的接待。鉴真也献上了贵重的礼品，如王羲之、王献之的书法真迹。754年三月，日本敕使对已到日本首都奈良的鉴真一行人宣读了日本天皇的诏书："大和尚远涉沧波，来到我国，朕不胜欣慰，自今以后，授戒传律都由大和尚担任。"四月初，在东大寺设戒坛，由鉴真登坛主持，先后为太皇、皇太后、皇子及400余位僧人授戒。756年，孝谦天皇任命鉴真为大僧都，统理日本僧佛事务。758年因日本皇室内部斗争，鉴真卸任，被尊称"大和上"，恭敬供养。759年，鉴真率弟子仿扬州大明寺格局设计修建了唐招提寺，对日本建筑艺术有重要影响。鉴真在此授戒讲经，把佛教律宗传至日本，成为日本律宗始祖。鉴真还精通医学，为人治病，并留下自著《鉴上人秘示》医书一卷，对日本医药学的发展作出了贡献。他带到日本的中国佛经印刷品和书法碑帖，对日本的印刷术和书法艺术影响巨大。

■文苑拾萃

鉴真东渡

万里东瀛我来渡，大浪巨礁休拦阻。

既然扬州发宏愿，定叫佛法到日出。

毕生追求真理

李贽（1527—1620），初姓林，名载贽，后改姓李，名贽，字宏甫，号卓吾，又号温陵居士，我国明代著名的思想家、文学家。幼年丧母，随父读书，学业进步迅速。自幼倔犟，善于独立思考，不受程朱理学传统观念的束缚，具有强烈的反传统意识。他在社会价值导向方面，批判重农抑商，扬商贾功绩，倡导功利价值，符合明中后期资本主义萌芽的发展要求。

李贽一生追求真理，离经叛道。1602年，一封奏折惊动了万历皇帝，不久李贽的书被列为禁书。

此时的李贽从姚安知府辞官归隐已20余年，正养病于河北通州，已是位75岁高龄的老人。一个早已退出政坛的衰迈老人，为何令朝廷上下如此惊恐不安呢？原来，奏章中都是种种污蔑构陷之辞，称他的书"流行海内，惑乱人心"。

李贽思想的叛逆性从《焚书》《续焚书》《藏书》《续藏书》这些书名中就能看出来。在这些著述中，李贽反对迷信孔子，反对以经书开科取士，指出："两汉以来都以孔子的是非观来判定是非，所以没有是非"。他痛斥根深蒂固的男尊女卑观念，揭穿"存天理，灭人欲"的宋明理学之说的虚伪……他一直以"异端"自居。

李贽在宦海中沉浮，看透了封建道德的荒谬和假道学的伪善。他直抒己见，理直气壮地做他认为正确的事。为此，他得罪了一个个好友、高官，致使他仕途坎坷；他生计艰难，七个儿女六个夭折；他四处遭受攻击，连住所也被人烧掉。但他从不动摇，他的著述不胫而走，人们竞相传抄、刊刻，到处都有他的刻本，总计"不下数十百种"。

不久，锦衣卫的差人从京城赶来拘捕他。听着杂乱的脚步声，看着门人慌乱的神色，问明了来人，已经卧病三个月的李贽奋力挣扎着爬下床来，大声喊道："那是来抓我的，快拿门板来抬我去！"他镇静地躺在门板上，在差人的押解下进了京城，下了监狱。一路风雨劳顿，他的身体已经十分虚弱了，升堂时由差人架上堂，卧于阶上受审。面对审问，他高声作答："我写的书很多，都在，尽可以审查，对人们只有好处，没有坏处。"审判官员无话可说，审完了也没做定论。李贽无所畏惧，作诗明志，将生死置之度外。

审讯抓不住有力的罪证，呈报也久久没有得到批复，李贽的身体却日益虚弱。他自知来日无多，决心以死相抗争。一天，他让人给他剃头，趁机夺过剃刀自杀身亡。

一位反封建的斗士，就这样走完了他抗争的一生。李贽辞世了，他的书在明代遭到两次查禁，清代也被列入禁毁书目，长达数百卷的《明史》中没有他的传记。但无论怎样，他的书仍广泛流传，影响了后来的许多思想家。

■故事感悟

李贽一生追求真理，不论遇到什么困难和阻挠也不放弃自己追求真理的信念，他为了追求真理，将生死置之度外，是我们学习的榜样。

□史海撷英

靖难之役和营建北京

明太祖把儿孙分封到各地做藩王，藩王势力日益膨胀。明太祖死后，孙子建文帝即位。建文帝采取了一系列削藩措施，严重地威胁了藩王的利益。坐镇北平的燕王朱棣以"清君侧之恶"的名义联合各个藩王举兵反抗朝廷，随后挥师南下，史称"靖难之役"。

1402年，朱棣攻破明朝都城南京，战乱中建文帝下落不明。同年，朱棣即位，就是明成祖。第二年，改年号永乐，改北平为北京。

1421年，北京城全部主体工程建成，朱棣正式迁都北京，称北京为京师，南京为留都。

"靖难之役"是明朝开国皇帝朱元璋死后不久爆发的一场统治阶级内部争夺皇位的战争，历时四年。

给沙漠穿绿衣

牛玉琴（1949—　），中共党员，靖边县东坑镇金鸡沙村农民。从1984年起，牛玉琴先后获得中国"十大女杰"、全国"三八"红旗手、全国"劳动模范"、全国"优秀共产党员"、联合国"拉奥博士"等八十六项国际、国内及省、市级表彰奖励，先后受到党和国家领导人的多次接见，自1988年起当选为陕西省第七届、第九届、第十届人大代表，1998年起当选为第九届、第十届全国人大代表。

牛玉琴与共和国同龄，她在15年的时间里，和家人一起共治理、绿化了11万亩沙漠。

金鸡沙村紧靠内蒙古的毛乌素大沙漠，一到春天刮风时，大量的沙子漫天飞舞，严重地影响了农作物的生长。而牛玉琴家的屋后就是沙漠。她和丈夫张加旺常常望着那漫天的飞沙而暗自盘算：什么时候能够把沙治好呢？

党的十一届三中全会后，农村实行了联产承包责任制，牛玉琴一家分到了30多亩地，他们的生活渐渐有了起色。1983年，他们开始在荒沙上放羊。为了让放羊的孩子能有个纳凉的地方，夫妻两人试栽了几棵果树，结果树都活了下来。这一来，牛玉琴有信心了。当时政府正在号召农民承包并治理荒沙地，牛玉琴夫妻俩与父母和孩子商量后，决定承包万亩荒沙大干一场。但光是自己家干不行，还得左邻右舍一起干才好。牛玉琴把她的想法和村里人一说，马上招来反对：万一政策变了，大家不是白干一场吗？牛玉琴想，这是为子孙后代造福的好事，即使政策变了，我们也不后悔。

1985年元月，张加旺与乡里村里都签订了承包合同，年限是15年，还专门去县里进行了公证。当时夫妻俩提出的口号是"一年覆盖，三年补齐，五年初见成效"。

要完成一年覆盖的任务谈何容易？一没资金，二没技术，三没劳力。最头痛的还是缺资金。一家人省吃俭用，把家里能卖的都卖了。有一次小儿子病了，几天吃不进饭，牛玉琴想煮两个鸡蛋给儿子吃，可懂事的儿子却拒绝了，他要把鸡蛋换成钱来买树苗。这种让牛玉琴既感动又难过的事，不知发生过多少次。有一年，牛玉琴作为"名人"到北京开会，当别人去逛商店给家人买东西时，她只好待在房间里，因为她知道出去就要花钱，而省下10块钱就能多买几棵树苗呢。

牛玉琴早就有了心理准备，苦和累她都不怕。但是让牛玉琴怕的是，丈夫张加旺因小腿患肿瘤，住进了医院需要做手术，而此时，公公年老体弱，婆婆患精神病，生活不能自理已经30多年。医院里要人伺候，家里栽树人手又紧，牛玉琴只好让12岁的小儿子退了学照料父亲。可是祸不单行，牛玉琴自己患阑尾炎也住进了医院。在最困难的时候，有人劝牛玉琴把树卖了算了，牛玉琴却坚决不卖，她说这是全家人的事业，就是十万元、百万元也不卖。后来，张加旺的病情加重了，他放不下治沙的大事，给未来的孙子取名为"张继林"，意思是子孙后代都要治沙造林绿化祖国。

在15年的时间里，牛玉琴是"冬天一身水，夏天一身泥，刮风当梳头，下雨当洗脸"。所以，大家用"给沙漠穿绿衣的地球保姆"来称呼牛玉琴。

在自己生活还十分困难的时候，牛玉琴就想到了要办小学，为的就是村里的孩子能就近上学。现在，牛玉琴办起了家庭农林牧场，她又承包了内蒙古的1万多亩沙地，不仅种树，而且还要大力发展养殖业。牛玉琴说："只要努力干，沙漠就是绿色银行。"

■故事感悟

"只要努力干，沙漠就是绿色银行"，这是牛玉琴的坚定信念。即使再苦再累，也要坚持到底。牛玉琴用成功的事实告诉我们，只要有顽强的毅力，理想就能实现。

■史海撷英

我国的防沙措施

长期以来，党和政府始终将防沙治沙作为一项重要战略任务，采取了一系列行之有效的政策措施。特别是最近几年，我国防沙治沙重点工程建设取得了重大的进展。国家相继实施了京津风沙源治理、三北防护林四期、退耕还林、退牧还草、草原保护、小流域综合治理等一系列生态建设工程，年均有效治理面积近百万公顷，全国已有20%的沙化土地得到不同程度的治理。重点治理区林草植被覆盖度增加了20个百分点以上，一些地方生态状况明显改善，大江大河泥沙淤积逐年减少，有力地推动了全国生态状况的持续好转。

唯天下至诚，创世间奇迹

宋代二程理学认为"学者不可以不诚，不诚无以为善，不诚无以为君子。修学不以诚，则学杂"。可以说，至诚之心是一切事业得以成功的保证。

从事任何事情不真诚就可能导致失败。只有出于诚，做事才能真心实干、脚踏实地、有始有终，才能激起巨大的热诚和激情，充分发挥自己的潜能，不达目的决不罢休。

正如曾国藩所说，只要有至诚之心，则天下无不可以为之事矣。

为敦煌奋斗一生

常书鸿（1904—1994），满族人，出生于浙江杭州。1927年6月赴法国留学，1932年夏，以油画系第一名的成绩毕业于里昂国立美术学校，并通过里昂油画家赴巴黎学习的公费奖学金考试。1933年进入巴黎高等美术专科学校——新古典主义画家、法兰西艺术院院士劳朗斯画室学习。1943年3月24日，他来到敦煌莫高窟，在满目苍凉、残垣断壁的寺院中建立了"敦煌艺术研究所"，并展开了对敦煌艺术的初级保护以及对壁画、彩塑的考察、临摹、研究等工作，成为中国敦煌石窟艺术保护与研究的先驱。

常书鸿年轻时在欧洲留学，学的是油画。当时他的画在法国已经有些名气了，有人专门上门订购他的画，他的生活过得舒适而富足，并且已经在法国安了家。

平时，常书鸿常去一些艺术博物馆观摩学习，在那里，他看到了令人伤心的一幕：我们国家的一些珍贵的艺术品，特别是敦煌石窟中的一些艺术精品，竟然被法国人"收藏"在那里。作为一名艺术家，常书鸿虽然知道艺术无国界的道理，但是，他觉得祖国的艺术珍品再也不能流落在外，再也不能被人掠夺了。那时他心里有一个梦，一个保护敦煌、保护中国古老艺术的梦。

国家兴亡，匹夫有责，画家也要为抗日救国出力。抗日战争爆发后，常书鸿在法国更无法待下去了，他毅然放弃了在法国的舒适生活，带着妻子回到祖国。回国后，他在一所大学里做美术系的教授和系主任，他要开始为心里的梦想而奋斗了。

后来，常书鸿终于来到了日思夜想的敦煌。面对着敦煌石窟千姿百态却又千疮百孔的现实，他为这样一座稀世石窟没有专人保护、管理和研究而感慨！在敦煌石窟里，常书鸿暗暗地立下誓言：要在敦煌干一辈子，为保护和发掘祖国的艺术宝库而奋斗一生。

从此，常书鸿就在西北荒漠中扎下了根。没有房子住，他就住在千佛洞的一个破庙里；没有电灯照明，他就在一盏昏暗的油灯下伏案工作；睡的是土炕，吃的是河滩上用咸水煮出来的半生不熟的厚面片，而且还没有筷子，只得用树枝削两根筷子将就一下。常书鸿觉得，生活可以将就，自己也可以风餐露宿，但祖国的艺术珍宝不能将就，必须尽快地保护起来。在这种艰苦的条件下，同样也是学艺术的妻子却实在不能忍受了，在国外过惯舒适生活的她，觉得一下子从天上到了炼狱，而且是那种永无止境的炼狱生活。妻子要离开他到大城市中继续她的艺术梦，而常书鸿却要在敦煌的石窟中实现自己的梦想。妻子走了，家也没有了，常书鸿就把敦煌当做自己的家，他几乎成了一个"山顶洞人"。

日复一日，年复一年，从一个洞窟到另一个洞窟，从一尊塑像到另一尊塑像，常书鸿都将它们逐一编号、造册、登记，然后再整理临摹。从清晨到傍晚，常书鸿都待在光线昏暗、阴冷潮湿的石窟里，一丝不苟地画着、临摹着……在洞窟里，他看到岁月的刻刀正无情地侵蚀着我国的艺术瑰宝，他看到时间的风霜正磨蚀着古老的飞天。每时每刻，这些中华民族的艺术宝藏都有可能毁在那不知不觉中……常书鸿四处奔走，呼吁求救，终于，他保护敦煌石窟的拳拳之心感动了大家。经过多方的努力，一堵1000多米长的沙土墙修建起来了，挡住了流沙的侵蚀，还能防止牲畜的糟蹋。

几十年过去了，常书鸿以石窟为伴，以敦煌为家。他甘于寂寞，甘于清贫，但是他不甘于祖国的艺术宝库埋没于西北荒漠的流沙之中。常书鸿辛勤忘我的工作，使敦煌千佛洞的艺术宝藏得以较好地保存并闻名于世。他把自己的一生，把自己的所有才华都奉献给了敦煌石窟，奉献给了祖国。

■故事感悟

常书鸿为了艺术宁愿放弃富足优裕的生活，甘愿来到荒漠的西北，为了保护和发掘祖国的艺术宝库，付出了一生。他把才华献给了伟大的祖国，献给了人民。

■史海撷英

中国文物保护基金会

1992年，我国创立了中国文物保护基金会。基金会是经中华人民共和国民政部登记注册的社团法人，并由国家文物局主管的公募性文物保护基金组织。中国文物保护基金会致力于中国文物保护事业，其宗旨是：筹措文物保护基金，资助文物保护项目，传承优秀的民族传统，弘扬悠久的历史文化，为社会的政治文明、物质文明和精神文明建设做贡献。

敦煌乐

杨 慎

角声吹彻梅花，胡云遥接秦霞。
白雁西风紫塞，皂雕落日黄沙。
汉使牧羊旄节，阏氏上马琵琶。
梦里身回云阙，觉来泪满天涯。

起伏跌宕的刘伯森

刘伯森(1869—1940），江苏武进人。25岁在上海德美洋行供职，清光绪二十六年（1900）为福建总督许应骙、将军善骐购军火，深受赏识，并与其合伙开设慎太恒客号，经营煤炭。光绪二十八年，涉足股市，设"刘伯森事务所"，大获其利。刘伯森又创办商学会，担任上海总商会秘书，后又办烟厂。清宣统三年（1911）租办湖北纱、布、丝、麻四局。后因武昌起义，他的计划失败，又经营纱厂、纸厂，一度兴旺发达。民国十一年受世界经济萧条影响，纸厂又遭大火，又逢日军入侵，境况愈下。

我国近代早期著名的民族企业家刘伯森，艰苦创业，历尽坎坷，百折不回，是旧中国民族企业家在夹缝中奋力求存的一个缩影和写照。他一生曾经营三家纱厂（宝成一、二、三厂），两家造纸厂（宝源东厂、西厂）及三星香烟厂。

刘伯森，1869年出身于书香门第。祖父刘养浩是个秀才，在乡里教书。父亲刘凤书经营埠际贸易。刘伯森6岁入学读书，18岁在家乡开办学馆，25岁到上海，先后在德商、美商洋行做事，一度赴日本长崎、神户考察煤矿生产、运销全过程，开阔了眼界。回到上海后他打算自己开设煤号，但由于资金缺乏，未能实现。

1900年，刘伯森任福建省驻上海委员，代福建督办大炮20尊，得到佣金约三千余两。又受他人之托操办进呈慈禧太后的贡品，博得了太后的欢心，受到了丰厚的奖赏。1900年8月，刘伯森与他人合伙开设了一家字号为"慎泰恒"的货栈经营煤炭，刘伯森出资一万两，自任经理。开始销路不畅，第二年转旺，获得利润三千余两。

1902年春，刘伯森为了积累更多的资金，开始从事股票买卖，增设刘伯森事务所。该所经营金额很大，在抛售洋股耶松船厂股票上一次就获利十三四万两。之后，刘伯森把慎泰恒字号的日常工作交于他人负责，自己则致力于股票买卖，以希望积累更多的资金兴办实业。在短短的两年多时间里，获利共达三十余万两。

当时，洋股交易被帝国主义作为掠夺中国人民财富的最凶狠手段。洋股都是由国外厂商发行，这些厂商开设的厂矿企业绝大多数不在中国境内，国人根本无法了解这些厂商的内情和企业的经营状况，只能任凭洋人操纵其股票价格，从中掠夺大量金钱。在洋股交易市场上，人们为了发财致富不惜将多年的辛勤积累全部抛出，结果却大多倾家荡产，家破人亡。刘伯森在经营股票买卖中能够获利，实属侥幸，因此他受到洋人的嫉妒和陷害。

1903年，有一英商股票掮客凭借领事裁制权，串通英国领事和会审员出票拘禁刘伯森，以达到欠款不还和讹诈的目的。刘伯森为了维护华人利益，团结商界人士予以抵制。经过一番交涉，终于伸张了正义。经过这件事，刘伯森体会到团结商界的重要性，因而独自出资创办起商学会，聚集知名人士，改组上海商会，另订商会章程，以维护商界利益。

刘伯森通过买卖股票积累了资金，于1904年开始兴办实业。这一年，刘伯森与他人各出资五万两成立了三星香烟公司。由于当时英美烟草公司已在上海浦东地区设厂，后来又在香港、汉口、沈阳等地设厂和成立了推销机构，几乎垄断了我国的香烟市场，并且拥有捐税特权，因此，弱小的三星香烟公司没有力量和外商的香烟公司抗衡，勉强维持了六七年，终于宣告停业。

　　初战的失利，并没有消磨掉刘伯森的锐气。1908年，他又与粤商合伙打算收买英商怡和轮船公司股票一百万两，私营轮船、码头业务。由于粤商中途改变主意，私自先行出售所收股票，使刘伯森没有办成此事，并且受到连累，亏损三十多万两，他只好把慎泰恒号停业，用来清偿债务。1909年，他又开设宝兴长号，惨淡经营。1911年，刘伯森通过关系，租办湖北纱、布、丝、麻四局，因汉阳失守，办厂计划告吹。1913年，刘伯森和北洋政府交通部签订年运销十万吨山西阳泉白煤合同，经营煤炭。

　　从1904年至1913年近十年的时间，由于外受外国资本的排挤，内受时局动荡的影响，刘伯森投资兴办工业一波三折，事倍功半，举步维艰。刘伯森企业的巩固和发展是在第一次世界大战爆发后，欧美帝国主义忙于战争，无暇东顾，他及时抓住这一时机，从1915年至1918年，先后租办了上海伦章纸厂（后改名宝源纸厂西厂），苏州苏纶纱厂（后改名宝通纱厂）、上海裕通纱厂（后改名宝丰纱厂），到1918年三厂共盈利三十四万两，远销阳泉白煤也有盈余。在此基础上，从1919年至1921年，他又先后新建起宝成一厂和宝成二厂，购进当时我国最大的浦东华章纸厂，在天津新建宝成三厂。经过六七年的时间，刘伯森已拥有七家纱厂和造纸厂，业务蒸蒸日上，获利巨大，因而，这期间也是刘伯森经营企业的全盛时期。

刘伯森在销售产品上采取低价预抛迟交（产品）的办法，在原料购进上采取远期支票高价先收（原料）的办法，取得了很好的效果，扩大了产品销售和原料购进，增加了流动资金和盈利。为了招揽人才，加强技术力量，刘伯森把张謇在南通办的纺织学校毕业生全部引入企业，这些年轻人有热情，懂技术，成为刘氏企业的骨干力量。刘伯森在建造企业时突出"快"字，快建厂房，快装设备，快速投产。

"五四运动"发生后，全国人民掀起抵制洋货、提倡国货运动，为民族工商业发展提供了有利时机，使国内企业发展出现了兴旺景象，刘氏企业处于黄金时代。仅1920年这一年，纱厂、纸厂共获利300多万两。

可是好景不长，从1922年开始，灾祸连接，战后萧条和自然灾害接踵而来，宝源纸厂发生的火灾，与英商打官司等一系列打击，使刘氏企业经营趋向萎缩。1925年，刘伯森出于无奈把宝成一二厂出售给日华纱厂，清偿以前的债务（1921年曾向日商东亚兴业株式会社以宝成为抵押贷款500万日元），日商的兼并阴谋终于得逞了。刘氏多年的心血付诸东流。1926年，宝通纱厂也因无力经营而退租。

遭到种种沉重打击后，刘伯森仍心犹未甘。1927年，他在上海又集中精力经营造纸厂，把原宝源造纸厂改组为天章造纸厂。刘伯森采用种种办法与洋商竞争：一是改进技术，提高质量；二是调整售价，使之低于洋纸售价；三是采用直销办法，有比较稳定的销售渠道，得到商务印书馆等用纸大户的支持。这样，天章造纸厂不仅没被洋商挤垮，反而提高了声誉，产品行销全国各地。1932年，"一·二八"淞沪战争爆发，天章造纸厂被迫停工。后经努力又恢复了生产。不料"八一三"战火又起，天章东、西两厂全部停工。上海沦为孤岛以后，天章东、西两厂虽再次复工，但景况已不比以前。

刘伯森一生劳碌，屡仆屡起。他的经营结果绝非个人悲剧，在旧中国历史条件下，有其客观的必然性，但是他从没有放弃。

▇故事感悟

刘伯森一波三折兴办实业，举步维艰，尽管遭到种种沉重打击，但直到生命的最后也没有放弃。这种不屈不挠、百折不回的创业精神，值得后人钦佩和学习。

▇史海撷英

清政府设立商部

清光绪二十九年（1903），清政府设立商部。清政府在推行"新政"中，实行了一些振兴商务、奖励实业的措施，并倡导官商创办企业。

1903年4月，清廷议定商律，9月成立商部，将以前路矿总局主管的路矿事务并入商部，使商部成为掌管振兴商务及铁路、矿务等事宜的行政机构。商部主官为尚书，左、右侍郎；另设左、右丞，左、右参议各1人；下设保惠、平均、通艺、会计四司，律学馆、商报馆各一所。9月26日，清政府命各省设立路矿、农务、工艺各项公司。

1905年，清政府在商部成立商标注册总局。

商部先后颁布了《商律》9条、《公司律》113条、《商会简明章程》26条、《商标注册试办章程》28条、《奖励公司章程》《改订奖励华商公司章程》。

这些章程规定，允许自由发展实业，奖励兴办工商企业，鼓励组织商会团体；还规定了若干保护和奖励民族工商业的措施，提高了工商业者的社会地位。

商部的成立及其措施，客观上有利于清政府投资工商业，促进了民族工商业的发展。

1906年，清政府将工部并入商部，改称农工商部。

失败只有一种，那就是半途而废

人们无论在生活中还是职场中，都会不断遇到挫折，甚至失败。你如何面对？爱迪生有了一千次失败经历之后，他坚定地说："那根本不是失败，而是告诉了我一千种不能发电的方法！"

哪怕是最没有希望的事情，只要勇敢者去坚持，到最后就会像爱迪生一样拥有成功。如果你真的下决心做一件事，就没有不成功的。

对于成功者而言，失败只有一种，那就是半途而废！

鞠躬尽瘁为人民

罗荣桓（1902—1963），生于湖南省衡山县寒水乡南湾村（今属衡东县荣桓镇），中华人民共和国的开国元勋，中国十大元帅之一。久经考验的忠诚的共产主义战士，坚定的马克思主义者，伟大的无产阶级革命家、政治家、军事家，中国人民解放军和中华人民共和国的缔造者之一，中国人民解放军政治工作奠基人，党、国家和军队的卓越领导人。

1927年，罗荣桓考上武汉大学，同年加入中国共产主义青年团和中国共产党。1955年9月，被授予中华人民共和国元帅军衔。他立党为公，抱病工作，为人民鞠躬尽瘁，死而后已。

1946年7月初，罗荣桓同志出席东北局在哈尔滨召开的会议。会议期间，罗荣桓因肾病病情严重，即转赴莫斯科治疗。苏联医生同意我国医生肾癌的诊断，做了一侧肾脏切除手术。医生让他长期休养，但他不顾医生的劝阻，于1947年6月回国，立即投入到紧张的工作中。7月，根据罗荣桓的意见，东北局有组织、有计划地建设二线兵团，保证主力部队有充足的后备兵力。罗荣桓直接领导了这项工作，在一年多的时间里，组成了164个独立团，共37万多人。这一重大措施，对推动东北解放战争的胜利有着深远的战略意义。

由于罗荣桓日夜操劳，健康状况时有不佳。毛主席对罗荣桓同志长期抱病工作极为关切。1950年9月20日，毛主席在罗荣桓的一份报告上指示："你宜少开会，甚至不开会，只和若干干部谈话及批阅文件，对你身体好些，否则难于持久，请考虑。"

罗荣桓非常感谢毛主席的关怀，但唯独放不下党的工作，依然日夜为军队的建设操劳，完全不考虑自己的身体健康。他数十年如一日，全心全意为人民服务，忠心耿耿为党工作，终因病情恶化，治疗无效，与世长辞，终年61岁。

罗荣桓逝世的当天，聂荣臻向正在开会的中央政治局报告了这一不幸的消息。毛主席提议与会同志起立默哀。毛主席感慨地说："罗荣桓同志逝世了。他数十年如一日，忠于党的路线，很不容易啊！"

■故事感悟

罗荣桓为了党，为了人民，日夜操劳，鞠躬尽瘁，死而后已。在为信念奋斗的道路上，为我们作出了榜样。

■史海撷英

百团大战

1940年8月，华北敌后战场的八路军为了打破日军的"囚笼政策"，从战略上配合正面战场的作战，先后集中了105个团，在彭德怀副总司令的指挥下，对敌进行了一次大规模的战略性进攻战役，史称"百团大战"。

8月20日至9月10日，为战役的第一阶段，这一阶段的中心任务是对华北日军的主要交通线进行总破击；9月20日至10月10日，为战役的第二阶段，这一阶段的主要任务是乘胜扩大战果，除继续破袭日军的交通线外，重点是拔除交通线两侧及深入抗日根据地内的敌据点。日军华北方面军遭到我军连续两个阶段的沉重打击后，深感威胁严重，遂调集数万兵力，从10月上旬起，对我军实施报复性"扫荡"。此后我军即转入反"扫荡"斗争，又予敌痛击。

"百团大战"是抗日战争中，八路军在华北地区发动的一次规模最大、持续时间最长的战略性的进攻战役。在这次战役中，中国共产党领导的华北敌后抗日军民齐心协力、前仆后继，同日本侵略者浴血奋战，充分表现了中华民族不屈不挠的战斗精神。

"百团大战"严重地破坏了日军在华北的主要交通线，收复了被日军占领的部分地区，给予侵华日军以强有力的打击。

"百团大战"对坚持抗战、遏制当时国民党妥协投降暗流、争取时局好转起了积极作用，进一步鼓舞了全国人民夺取抗战胜利的信心，提高了中国共产党和八路军的声威，在中国抗日战争史上写下了光辉的一页。

□文苑拾萃

鞠躬尽瘁，死而后已

"鞠躬尽瘁，死而后已"出自诸葛亮的《后出师表》，意思是说，我一定勤勤恳恳，不辞劳苦，小心谨慎地办事，为国家大事用尽我的力量，一直到死为止。三国时期，蜀主刘备死后，昏庸无能的阿斗（刘禅）继位，他只知享乐，把国内的军政大事都交给诸葛亮处理。诸葛亮联吴伐魏，南征孟获，积极准备两次北伐，在最后一次北伐前夕给阿斗写了《后出师表》，表明自己为国鞠躬尽瘁、死而后已的决心。

第二篇

吹尽狂沙始到金

孙膑刖脚著兵书

孙膑(？—前316)，本名孙伯灵，孙武的后代，战国时期军事家，汉族，山东鄄城人(今山东省的阳谷县阿城镇，鄄城县北一带)。他与庞涓同学兵法，后庞涓为魏惠王将军，骗孙膑到魏，用之刖刑。后孙膑被齐国使者偷偷救回齐国后，被齐威王任为军师。马陵之战，身居辎车，计杀庞涓，大败魏军。著作有《孙膑兵法》，久已失传。

孙膑幼时喜欢军事，曾同庞涓一起跟随鬼谷子王栩学习兵法。孙膑志向远大，专心学习，进步很快。庞涓却浮夸自负，一心惦记回国后能飞黄腾达，学业上自然赶不上孙膑。

后来，魏惠王为了称霸中原，到处招揽人才，扩大魏国的军事实力，庞涓听到消息后，急急忙忙赶到魏国，做了魏国的将军。庞涓拜将之后使出浑身解数，出兵打败了卫、宋和齐国的军队，深得魏王的信任。但是，他心里非常清楚，孙膑的学识远在他之上。如果孙膑将来到齐国做官做将，将是他的劲敌。为了消除这个心头之患，庞涓设法将孙膑骗到魏国做官。

孙膑为人忠厚，不知是计，到了魏国之后，尽职尽责地为魏国操练兵马。庞涓看到后越发惶恐、嫉恨，于是他在魏王面前屡进谗言，诬蔑孙膑身在魏国心在故园，是齐国的奸细。魏惠王信以为真，便下令叫人逮捕孙膑，并在其脸上刺上字，还剜掉了他的两个膝盖骨，使孙膑终身残废。

孙膑蒙受了这不白之冤和酷刑后心中十分愤懑，尤其听说是老同学庞涓用毒计陷害，更是满腔怒火。然而，庞涓得宠于魏国，他只能强抑心头的仇恨，装成不知人事的疯人，使庞涓逐渐放松对他的监视。

后来，齐国有位使臣来到魏国国都大梁。孙膑冒险偷偷地去见他，请他设法营救。齐使听到孙膑的遭遇之后，非常钦佩和同情，在回国时把孙膑藏在马车里，秘密带回了齐国。

孙膑到了齐国后，深受齐威王和大将田忌的敬重。在优厚的礼遇面前，孙膑更加自强不息。他竭忠尽智，将自己的才能奉献给了齐国。

公元前353年，魏国命庞涓率兵进攻赵国。孙膑采取"围魏救赵"的战术在桂陵埋伏重兵，大败魏军。12年后，他用"减灶设疑"的妙计，诱使庞涓和魏军走入齐军的埋伏圈，在马陵将魏军杀得片甲不留，逼得庞涓走投无路，拔剑自刎。同时，他又于戎马倥偬之中，根据学习的军事理论和自己的军事实践撰写军事著作，以顽强的毅力在竹简上写成了共八十九篇的《孙膑兵法》。这部兵法继承和发展了孙武的军事思想，提出了许多重要的战略战术主张，对中国乃至世界的军事史产生了重大的影响。

□故事感悟

孙膑中了庞涓的奸计，被用刖刑，但他坚忍不拔、忍辱负重，最终打败庞涓。他对齐国竭忠尽智，并写成《孙膑兵法》，体现出一个真正坚强的人不畏强暴、胸怀大志的品格。

马陵之战

公元前342年，魏国的太子申和大将庞涓率领10万大军前去攻打韩国，韩国向齐国求救。齐国答应了韩国的请求，任命田忌为大将、田婴为副将、孙膑为军师，领兵5万前去攻魏救韩。庞涓知道自己不是孙膑的对手，赶紧下令从韩国撤回军队。而齐军早已悄悄地向魏国的都城大梁进发。为了麻痹敌人，孙膑向大将田忌献计说，魏国自认为强悍勇猛，天下无敌，一向不把我们齐军放在眼里，我们可以将计就计。兵书上常说，急行军用百里速度去追赶敌人，就会使部队前后无法接应。我军已深入魏国境内，可以用减灶之计来迷惑敌人，达到消灭敌人的目的。田忌认为孙膑说得有道理，于是采用了这一计策。

庞涓率领的大军从攻打韩国的路上赶回魏国，一直跟在齐军的身后，第一天见齐国的军队有10万人的炉灶；第二天炉灶减为5万人的；第三天只剩下3万人的炉灶了。庞涓得知此事后很高兴，他认为齐军胆小怕事，就丢下步兵，亲自率领一部分轻装精兵，直奔马陵。马陵地区道路狭窄，地形险要，孙膑早已在此设下埋伏，庞涓率领的军队进入了埋伏圈，最后被齐军打得落花流水，庞涓被迫拔剑自杀。

《孙膑兵法》

《孙膑兵法》又名《齐孙子》，系与《孙子兵法》区别之故。《汉书·艺文志》称"《齐孙子》八十九篇,图四卷",但自《隋书·经籍志》始,便不见于历代著录,约在东汉末年便已失传。

1972年,临沂银雀山汉墓竹简出土,这部古兵法开始重见天日。但由于年代久远,竹简残缺不全,损坏严重。经竹简整理小组整理考证,中国文物出版社于1975年出版了简本《孙膑兵法》,共收竹简364枚,分上、下编,各15篇。1985年,文物出版社出版的《银雀山汉墓竹简(壹)》中,收入《孙膑兵法》凡16篇,系原上编诸篇加上下篇中的《五教法》而成,其篇目依次为:擒庞涓、见威王、威王问、陈忌问垒、篡卒、月战、八阵、地葆、势备、兵情、行篡、杀士、延气、官一、五教法、强兵。

梨园三怪的成名路

　　信念是一切奇迹的萌发点，所有成功的人最初都是从一个小小的信念开始。

　　梁实秋讲过一个生动的故事：唐朝有个百丈禅师，精勤不休，他制定了《百丈清规》。他自己笃实奉行，"一日不作；一日不食，一面修行，一面劳作"。

　　他到了暮年仍然按照《百丈清规》的要求生活，弟子们于心不忍，偷偷地把他的农作工具藏起来。禅师找不到工具，就没工作，他也真的没吃东西。百丈禅师为何能精勤不休？是因为他的信念和抱负鞭策着他。

　　据说，清末时梨园中有三怪，他们都是因为抱着坚定的信念，经过勤学苦练后成了才。

　　一位是瞎子双阔，自小学戏，后来因疾失明，从此他更加勤奋学习，苦练基本功，他在台下走路时需要别人搀扶，可是上台表演寸步不乱，演技超群，终于成为一名功深艺湛的武生。

　　另一位是跛子孟鸿寿，他幼年身患软骨病，身长腿短，头大脚小，走起路来不能保持身体平衡。于是，他暗下决心，勤学苦练，扬长避短，后来一举成为丑角大师。

再一位是哑巴王益芬，先天不会说话，平日看父母演戏，便默记在心，虽无人教授，但他每天起早贪黑练功，常年不懈。艺成后，一鸣惊人，成为戏园里有名的武花脸，被戏班奉为导师。

"梨园三怪"都身带残疾，他们能够成才，就是因为他们拥有坚定不移的信念及吃苦耐劳的勤奋精神。因为他们知道，对于没有天赋的人来说，尤其是身有缺陷者，唯有勤奋苦练才可以弥补自身的不足。

□故事感悟

信念是任何人都可以免费获得的，坚定意志，相信自己，牢记"有志者事竟成"，坚定信念就一定会产生奇迹。

□史海撷英

京剧的起源

京剧是在北京形成的戏曲剧种之一。京剧形成到底有多少年？有两种说法：150年或200年。在戏曲史界，尤其在群众中有些争议，但比较准确的应是150年。

京剧是在徽戏和汉戏的基础上，吸收了昆曲、秦腔等一些戏曲剧种的优点和特长，逐渐演变而形成的。徽戏进京是在1790年（清乾隆五十五年），最早进京的徽戏班是安徽享有盛名的"三庆班"。随后来京的又有"四喜""和春""春台"诸班，与三庆班合称"四大徽班"。

京剧在形成过程中，汉调占重要位置。严格地说，汉调的声腔、板式、剧目、字韵等是后来形成京剧的主要"内涵"，徽班则是融会徽汉二调演员同台演出的"载体"。因此，专家有称：班曰徽班，调曰汉调。没有徽班，汉调演员无所依附，京剧很难形成。但是没有汉调演员，只有徽班，缺乏后来形成京剧的主要内涵，照样无法形成京剧。

京剧的正式形成大约是在清代道光二十年（1840）以后，这时京剧的各种唱腔版式已初步具备，京剧的语言特点已经形成，在角色的行当方面出现了新的变化，已拥有一批具有京剧特点的剧目，京剧第一代演员也已出现：余胜三、张二奎、程长庚被称为老生"三鼎甲"，此外还有老生演员兼京剧剧作家卢胜奎。程长庚是这一时期的代表人物，他在融合汉调、徽调并吸收昆曲加以改造和提高方面，比同时期的其他京剧演员做了更多的努力，对京剧表演艺术的形成贡献很大，对后世京剧的发展影响很大。

京剧音乐属于板腔体，主要唱腔有二黄、西皮两个系统，所以京剧也称"皮黄"。京剧的常用唱腔还有南梆子、四平调、高拔子和吹腔。京剧的传统剧目约有一千多个，常演的约有三四百个以上，其中除来自徽戏、汉戏、昆曲与秦腔之外，也有相当数量是京剧艺人和民间作家陆续编写出来的。京剧较擅长于表现历史题材的政治和军事斗争，故事大多取自历史演义和小说话本，既有整本的大戏，也有大量的折子戏，此外还有一些连台本戏。

京剧角色的行当划分比较严格，早期分为生、旦、净、末、丑、武行、流行（龙套）七行，以后归为生、旦、净、丑四大行。

■文苑拾萃

京剧《霸王别姬》

京剧《霸王别姬》是著名京剧大师梅兰芳的首出名剧。《霸王别姬》讲的是西楚霸王项羽战败后与其宠妃虞姬诀别的历史故事。霸王别姬的故事反映的是虞姬和项羽感天动地的爱情，楚霸王英雄末路，虞姬自刎殉情。这悲情一瞬已定格在中国文学的字里行间，定格在中国戏曲的舞台上，成为中国古典爱情中最经典、最荡气回肠的爱情传奇。

徒步环球旅行

　　潘德明（1908—1976），又名文希，上海南汇人，生于浙江湖州，自行车环球旅行家，从小酷爱体育运动，曾就读于上海南洋高级商校，后在南京开办西餐馆。1930年春，参加"中国青年亚细亚步行团"，6月赴杭州赶上步行团。经杭州、广州，由海口，不到半年进入越南的海防市，同行者或因难耐其苦，或因患病，相继打道回府。行到清化，仅剩他一人，潘德明决定独自走下去，而且索性走出亚洲。次年元旦，他重上征程，把徒步改为骑自行车，进行环球旅行。历时7年，行程数万公里，途经亚、非、欧、美、澳五大洲40多个国家和地区。

　　潘德明祖籍浙江湖州，在上海长大。他自幼酷爱体育运动，也爱读世界地理和旅行方面的书籍。

　　20世纪30年代，潘德明亲眼看到帝国主义侵略者在十里洋场的上海横行霸道，公园门口竖起了"华人与狗不得入内"的牌子，中国人被称为"东亚病夫"。任何一个有骨气的中国人都难以忍受这样的奇耻大辱！潘德明翻开了他喜爱的历史、地理书籍，那上面记载着多少有志气的中国人走向世界的事迹——汉代的张骞通西域，唐代的玄奘和尚去印度，明代的三宝太监郑和下西洋……潘德明从他们的事迹中受到启发：当年张骞、玄奘、郑和能深入异邦，今天我能不能来个环球旅行，一雪"东亚病夫"之耻，为中华民族争光呢？

机会来了。1930年6月28日，22岁的潘德明参加了"中国青年亚细亚步行团"，告别了上海，准备先走到东南亚，然后再到印度、中东、欧洲、美洲……

完全依靠自己的双脚跋涉万里，历经瀚海、沼泽、荒丘、野岭，这是一次艰难困苦的旅行。步行团共有8个成员，途中陆续有人被淘汰，到越南时，连最后的两个同伴也退出了，只剩下潘德明孤身一人。

那时候，别的国家也有人作环球旅行，但他们大都是乘坐汽车，从一个大城市到另一个大城市。潘德明却不是这样，他徒步行走，逢山过山，遇水渡水，走的大多是偏僻地带。不论是荒无人迹的戈壁沙漠，还是陡峭险峻的冰川滑坡；不论是令人窒息的瘴气地带，还是野兽、强盗出没的危险地区，他都鼓起勇气，奋力通过。

潘德明徒步旅行最多时一天能走75公里。后来他买了一辆自行车，凡能骑车的道路就骑车前进，最多时一天能骑行190公里，速度大大提高。

他走出亚洲进入中东地区，经法国、瑞典抵英国，又渡海到达美国、加拿大、古巴，经新西兰、澳大利亚重返东南亚，最后回到祖国。他用了7年的时间，走过五大洲40多个国家和地区，跨过了印度洋、地中海、大西洋、太平洋，到过河内、金边、雅加达、德黑兰、开罗、巴黎、斯德哥尔摩、伦敦、纽约、华盛顿、渥太华、哈瓦那、悉尼等世界闻名的大城市，成为中国第一个环球旅行家。

在柬埔寨的扁担山丛林中，潘德明的铜盆帽被猴子抢去，背包里的食物也被抢去不少……

在印度的密林里，潘德明躲在大树上，亲眼目睹了凶狠的野猪和豺群的恶斗厮杀，鲜血淋漓，令人心惊胆战……

在阿尔卑斯山上，潘德明迷了路，昏倒在山坡上，幸亏碰到一位老猎人将他救醒……

在伊朗，他在无边无际的一片大沙漠中走了三个星期，还是没能走出去。随身携带的饮用水喝光了，他又迷了路。白天，沙漠中酷热难熬，他无法行走，只好晓宿夜行。后来实在走不动了，就慢慢地爬行。一个星期以后，他爬到沙漠的边缘时，已经奄奄一息。恰巧这时候有一支骆驼运输队经过这里，潘德明挣扎着挥动自己的衣服，才被骆驼队救起……

在很多地方，潘德明遭到过强盗的袭击，身上衣物尽被掠去，只留给他身上穿的一条短裤……

潘德明究竟有多少次陷入困境？他自己也数不清了。

最危险的一次是在印度，他要通过的是一座真正的原始森林。

这片热带森林特别大，浩瀚无边，莽莽苍苍。七八十米高的望天树，三五十米高的大乔木，二三十米高的灌木林，错落交织，遮天蔽日。藤木、矮草、沟谷、急流，一片连一片的丛林，多少年无人踏过的绿苔，构成了一个充满神秘色彩的世界。潘德明要穿过它！

虽然他离开祖国，已经走过了越南，穿过了新加坡，但这样杳无人迹的原始森林他还是第一次遇到。

当地的印度群众赶来阻挡他，说这座森林太大了，往前望不见头，左右看不到边，是走不过去的，劝他赶紧回去。

此时，人群中走出一位慈眉善目的长者，合掌施礼之后，关切地告诉潘德明森林里有老虎。印度的虎有两种，一种食人，一种食木。食木的老虎胆子小，食人的老虎凶得很。出没于这座森林里的正是那种食人的老虎，而且已经吃过几个过林人了。现在硬要通过森林，真的是去送死。

老人的一席话，使潘德明吃了一惊，真是预料不到的困难！他想：生活再苦，我都可以忍受。万一真的遇到凶狠的老虎，我手无寸铁，又比不得景阳冈上的武松还有个哨棒，非得喂老虎不可，怎么办？转身走回头路是容易的，但徒步环球旅行的计划就难以实现了。

潘德明低头想了一会儿，抬起头来看着热诚好客的印度朋友，缓缓地问他们，过去是否有人通过这片森林，他们说，有。

于是他点点头，脸上的表情渐渐庄重起来，他坚定了自己的决心，这次出国离家别无他求，只想为我的祖国——中国，争一口气。要让世人看看，中国人靠着自己的双腿，是能够走遍天下的。老虎再凶，也要闯一闯这片森林。

众人顿时被这位青年的精神所感动。印度老人赶紧给他准备了一面铜锣让他带上，嘱咐道："老虎特别怕锣声。如果遇到老虎，赶紧敲锣。"

潘德明收下铜锣，迈着坚定的步伐进入了原始森林。

第一个夜晚来临了，潘德明记住老人的话，不敢在地面上过夜。他用皮带和绳子把自己绑在一棵大树的树杈上，许久许久不能入睡。他仰望着漆黑如墨的夜空，只觉得林涛的吼声撼人心魄。

拂晓时分他醒了，一低头，只见一只猛虎在树下正盯着他。他赶紧抓起身边的铜锣，猛敲起来，老虎猛地跳起，一甩尾巴，长啸一声，逃跑了。

在印度的这座原始森林中，他先后三次遇到老虎，都是靠鸣锣得救。也许是浩瀚的森林喜欢勇敢的斗士，他终于走出了大森林。

历时7年，行程数万里，这在中外体育史上也是罕见的一大壮举。潘德明所到之处都引起了轰动，受到各国人民、社会名流的友好欢迎和热烈赞扬。人们看到这个身背旅行袋的中国小伙子禁不住赞道："中国人，好样的！"

在印度，圣雄甘地接见了潘德明，并赠送一面他亲手用粗麻布织成的印度国旗给潘德明。著名印度诗人泰戈尔邀请潘德明到家里做客，并同他合影留念。土耳其首相凯末尔将军、英国首相麦克唐纳和美国总统罗斯福等政府首脑，都接见过潘德明，罗斯福还送给他一枚金币。

旅居海外的华人和华侨对潘德明环球旅行，给予了非常热情的支持和帮助。美国的一家华侨报纸赞扬潘德明"万里投荒，勇往迈进，不畏艰难，步行全球，前无古人！"不少爱国侨胞捐款捐物，为他提供食宿方便，支持他胜利完成了这次轰动世界的徒步环球旅行。

潘德明在一篇文章中说道：

"我这次旅行，是要以世界为我的大学校，以自然和人事为我的教科书，以耳闻目见、直接的接触为我的学习方法，以风霜雨雪、炎荒烈日、晨星夜月为我的奖励金。我要一往无前，表现我们中国的国民胜于世界，使人们知道我们中国是向前进的，在世界上为国家增添荣光。"

■故事感悟

目标的实现总是需要战胜困苦。如果没有磐石般的决心，潘德明恐怕早就中止了这次旅行。他能始终如一，胸怀大志，拥有百折不挠的毅力，所以他才能够徒步环球旅行，雪"东亚病夫"之耻。

■史海撷英

潘德明与世界

潘德明历时7年周游世界，行程数万公里，途径亚、非、欧、美、澳五大洲40多个国家和地区，每到一地都有考察记录，征得1200个团体和个人十几种文字的签名和题辞，受到29个国家首脑和著名人士的接见。

潘德明旅途中曾拜会印度诗人泰戈尔、圣雄甘地及后来的印度总理尼赫鲁，波斯帝国最高统治者礼萨汗，"土耳其之父"凯末尔将军，保加利亚国王、法国总统、总理，英国首相麦克唐纳、澳大利亚总理，并两次受到美国总统罗斯福的接见。

潘德明回国时适逢抗日战争爆发，故其环游世界的壮举竟无人提起。

■文苑拾萃

人一生要去的50个地方

创刊于1880年的美国《国家地理》杂志至今已走过了二百多年的历史，1995年，《国家地理》耗时两年评选出了这个星球上他们最想前往的50个旅游目的地。

城市风情：百年老城

1. 纽约
2. 伊斯坦布尔
3. 巴塞罗那
4. 香港
5. 里约热内卢
6. 巴黎
7. 耶路撒冷
8. 伦敦
9. 威尼斯
10. 旧金山

野外探险：最后的伊甸园

11. 塞伦盖蒂平原

12. 加拿大落基山脉

13. 澳洲内陆

14. 巴布亚新几内亚的珊瑚礁

15. 亚马孙丛林

16. 科罗拉多大峡谷

17. 厄瓜多尔加拉帕哥斯群岛

18. 委内瑞拉的平顶山区

19. 撒哈拉大沙漠

20. 南极

人间天堂：美丽、平静、天堂般愉悦

21. 帕劳——太平洋岛屿

22. 明尼苏达州的边界水域

23. 传统的日式旅馆

24. 希腊小岛

25. 塞舌尔

26. 智利托雷德裴恩国家公园

27. 英属维京群岛

28. 意大利阿玛尔菲海岸

29. 印度喀拉拉邦

30. 夏威夷群岛

阳光地带：现代文明与自然的完美结合

31. 英国湖区

32. 新西兰北岛

33. 卢瓦尔河谷

34. 大苏尔

35. 加拿大滨海诸省

36. 佛蒙特

37. 挪威海岸

38. 从岘港到顺化

39. 阿尔卑斯山

40. 意大利托斯卡纳区

世界奇观：人类不朽的创造

41. 泰姬陵

42. 梅萨维德国家公园

43. 梵蒂冈

44. 雅典卫城

45. 佩特拉

46. 马丘比丘

47. 长城

48. 吴哥窟

49. 金字塔

50. 网络空间

这些地方的确是人一生梦想游历的地方，它们各有自己的特色和吸引人之处。但是在这 50 处旅游地之中，中国只有香港和长城被选中，这不能不说是对中国历史、文化和地理风光缺乏深入了解，或评选者还是戴了有色眼镜之故。

骨折不放弃事业

盖叫天（1888—1971），男，京剧武生。原名张英杰，号燕南，河北高阳人。他以演短打武生为主，注重造型，讲究表现人物内在的精神气质。由于他在武松戏方面的突出创造，因此被世人誉为"活武松"，又称"江南武松"。除了《武松》外，他的代表剧目还有《打虎》《狮子楼》《十字坡》《快活林》《鸳鸯楼》《三岔口》《白水滩》《一箭仇》《洗浮山》《闹天宫》等。

盖叫天是中国著名京剧表演艺术家。

1934年，盖叫天在扮演武松的一出戏中，他飞身上台，然后纵身向舞台中央翻下，就在落地的那一刻，他的右腿骨折了。可是为了不影响武松的英武气概与形象，盖叫天咬紧牙关，硬是忍着疼痛，英气勃勃地挺立在舞台上，直到大幕落下后，才倒在前来帮助的人的身上。送到医院后，他已经痛得连话都说不出来了。

医生将盖叫天骨折的右腿接上，并对他说："好好养伤，三个月后就能恢复正常。"

为了尽早重返舞台，盖叫天一边休养，一边想方设法锻炼受伤的腿。可休养期快满的时候，一次例行的拍片检查又带来了坏消息。医生看着X光片，忧心忡忡地说："已经愈合的骨头接歪了，继续生长的话后果将不堪设想，除非重新接上断骨，但再次折断的骨头可能永远也不能愈合，所以风险很大。"

盖叫天凝视着医生的眼睛，坚定地说："如果腿瘸了，那就意味着我永远也不能登台。只要有一线希望，我都要试试！"说完，他一把拿起床边的板凳，在众人的惊呼声中，自己将右腿骨折处砸断，然后请医生重新接骨进行治疗。

等待伤愈的日子对盖叫天来说，无疑是非常难熬的，但是他把这一切烦闷与痛苦都埋在心底。

从此，盖叫天开始在病房里进行有计划的锻炼。腿功不能练，就练唱功，右腿不能动，就锻炼左腿和手臂。不能在舞台上表演，就学习画中国画，用画笔将一个个生动的艺术形象描绘在纸上，悉心研究揣摩。这段时间，盖叫天不但没有荒废功夫，反而让他对表演有了更多、更深的体会。

两年后，盖叫天的腿伤奇迹般地痊愈了，他又回到了自己无限热爱的表演舞台，人们重新看到了英姿勃勃的"武松"形象，从此盖叫天的美名也传遍了大江南北。

◼故事感悟

盖叫天一生演戏颇多，最为著名的当为《武松》。他唱腔高昂，动作干净利落，给人们留下了深刻的印象。俗话说：台上一分钟，台下十年功，这个视艺术为生命的艺术家，用他的实际行动诠释了他热爱艺术的人生。

盖叫天定居杭州

盖叫天13岁时第一次到杭州演戏。当时杭州市面非常繁华，茶园很多，京剧演员多要到茶园表演剧目。

那时演艺界有个习惯，就是跟着已经成名演员的艺名来取自己的艺名，有的在前面加一个"小"字，有的加一个"盖"字。

当时演老生的演员名气最大的是谭鑫培，艺名叫"小叫天"。有人建议盖叫天叫"小小叫天"，年少好强的盖叫天偏取了个艺名"盖叫天"。没几天，这个名字就在杭州叫响了，并从此走红江浙一带。这就为盖叫天以后定居杭州埋下了伏笔。

1925年，盖叫天在杭州买了一块地，但买地后就没钱盖房了。所以直到五年后，等一切材料凑齐，他才开工建房。

盖叫天本是河北人，他在杭州的住宅竣工后，起了个名叫"燕南寄居"，有不忘故土的寓意。

王少堂对擂盖叫天

王少堂是扬州评话大师，以说武松的段子蜚声海内。

盖叫天是京剧表演艺术家，以演武松的戏名扬天下。

新中国成立后，南北曲艺名家会聚上海进行艺术交流。王少堂每天只说一场《武松打店》，盖叫天每天也只演一场，演示一手飞刀绝活，刀无虚发。

一个说武松，一个演武松，几场下来，双方平分秋色，各自场子里都是人满为患。

戴氏小提琴的诞生

戴洪祥（1928—），提琴制作大师，河北房山（今属北京）人。1951年进北京乐器厂学习制作提琴。1954年加入中国共产党。1959年，入上海音乐学院高级提琴制作班学习，后任北京提琴厂技师。所作小提琴曾获1980年全国高级小提琴制作比赛总分第一名和音质单项第一名。1983年，在联邦德国的第一届路易斯·斯波尔国际提琴制作比赛中，其作品与美国D·斯蒂文斯的作品并列音质第一名，获音质金牌。1984年，被授予"提琴制作大师"的称号。

　　戴洪祥是一个农民的儿子。解放初期，他来到北京一家乐器厂当木工，干的是拉大锯、破木料的活儿。那时候，不用说制琴，就连小提琴是个什么样子，他也是头一回才见到。

　　没过多久，厂里人发现，这个小伙子不但大锯拉得起劲儿，还挺爱琢磨，喜欢看老师傅制琴，他一有空就跑到制琴室，慢慢地能为老师傅备备料、打打下手了。他还常常利用下班之后和公休时间，自己悄悄学制琴。有一次，他居然用厂里的下脚料做了一把小提琴。尽管很粗糙，可戴洪祥那股钻劲儿引起了厂长的注意。厂长把戴洪祥找来，对他说："不用你拉大锯了，去学着做提琴吧！"

制作小提琴可不是一件容易的事！不仅要有精湛的手艺，还得懂得乐理，会辨音色，掌握多方面的知识。为了了解外国的小提琴，还需要学习外国语。这一个又一个困难，对于没念过几年书的戴洪祥来说，真像一座座高山挡在他的面前。

然而，戴洪祥没有打退堂鼓，他就像一名登山运动员，认准目标背上行囊，一步一步地开始登攀。他向老师傅们学手艺，从熟识木材开始，到选料、磨砂、油漆、调试，每一道工序都扎扎实实地学习。

他自学音响学、和声学，学完了中级小提琴教程。他还学习外语，钻研各国提琴技术理论著作，并利用修琴的机会，千方百计向中国著名的音乐家们请教。经过长期的艰苦努力，他的琴技、乐感、耳音都有了很大的提高。他制作的小提琴也小有名气了。

但是戴洪祥并没有满足，他想摘取世界提琴制作的桂冠。他早就听说过有关意大利四大古琴的传闻。

那是四百多年前，意大利出了四位提琴制作大师：玛基尼、阿玛蒂、斯特拉第瓦利和瓜尔涅利。他们制作的小提琴具有神奇的魅力，征服了许许多多的听众。戴洪祥多么想亲眼看一看、亲耳听一听啊！

有一天，他终于从一本外国音乐杂志上看到了意大利最有名的四大古琴的照片。他挂在墙上，反复欣赏，简直像着了魔似的，越看越钦佩。

不久，一个苏联歌舞团来华演出。戴洪祥听人说，该团的一位著名小提琴家用的就是意大利斯氏小提琴。戴洪祥冒着严寒在剧场门口站了三个晚上，才买到了一张入场券。看演出的时候，他手拿望远镜，仔细地观察那把斯氏小提琴。

"多么美妙的音效啊！"戴洪祥陶醉在令人倾倒的琴声中。

"斯特拉第瓦利！"他自言自语道，"那才是真正的小提琴！"他感到自己的心跳在加快，周身的热血在沸腾。一个崇高的信念在戴洪祥的脑海里坚定地树立起来——制作一把与斯氏小提琴媲美的小提琴，为中国人争光。

然而，等待戴洪祥的并不是成功，而是巨大的挫折和不幸。

他曾经患过中耳炎，过去并没有太在意。有一天，他正在工作，忽然头一歪，昏倒在琴台上。同事们惊奇地看到：一注鲜红的浓血，从他左耳流了出来，他被送进了医院。经过检查，医生说他的中耳炎已到晚期，必须立即作左耳道切除手术，否则会有生命危险。

耳朵，对于提琴制作师来说是多么重要！悲痛的泪水顺着戴洪祥滚烫的两颊落到正在制作的琴上……但是，他一想起自己为国争光的理想，想起贝多芬"我要扼住命运的咽喉"的名言，耳边就仿佛响起催人振作、激人奋起的琴音。他用自己的心灵在倾听，他要像贝多芬那样，扼住命运的咽喉，坚韧顽强，继续前进！

"为了生我养我的祖国，不管还会遇到多大的困难，我一定要做出理想的小提琴！"——这就是戴洪祥的誓言。

左耳听力没有了，他就用右耳来捕捉和分析琴音。每天凌晨三时，他会准时醒来，耳边响起琴声，他反复琢磨一小时左右才能重新入睡。早上五点半，他准时来到车间，在黎明最寂静的时候测试琴音。他就这样度过了一个个春夏秋冬。

一把又一把小提琴被制作出来了，戴洪祥的制琴技术经过千锤百炼，几乎达到了炉火纯青的境地。成功的大门向奋斗者打开了。

20世纪80年代的第一个春天，戴洪祥参加了全国高级小提琴比赛，他制作的小提琴名列第一名，荣获国家金质奖。

20世纪规模最大的国际小提琴制作比赛——首届卡塞尔国际小提

琴制作比赛，于1983年10月在联邦德国的卡塞尔城举行。

小提琴是西洋乐器，诞生于文艺复兴时期的欧洲，有"音乐之王"的美称。三百多年来，欧洲的小提琴制作业在世界上一直处于领先地位。

为了提高小提琴的制作水平，国际上经常举行小提琴制作比赛。以往比赛的桂冠绝大多数都被欧洲各国的著名小提琴制作家摘走了，有人预言，本届卡塞尔国际小提琴制作比赛的金奖获得者也一定是欧洲人。欧洲的许多提琴制作师大多出自世代相传的提琴制作家族，戴洪祥却非世家。

这次比赛集中了世界上30多个国家的提琴制作家，他们带来了自己精心制作的400把小提琴，比赛评委会的成员都是国际音乐界的权威人士。

10月24日，七天的紧张比赛全部结束，评比结果揭晓，一条轰动国际音乐界的新闻立即传开了——本届国际小提琴制作比赛音质金奖的获得者，既不是来自罗马、维也纳，也不是来自华盛顿、波恩。这把音色柔美圆润、穿透力很强的获奖提琴，来自中国！它的制作者是一位中国技师，名叫戴洪祥。

喜讯通过电波，传向世界的四面八方。一位外国记者写道："戴洪祥具有不可思议的力量，他移动了一座山峰。他把小提琴的桂冠从意大利移到了中国。"

后来，戴洪祥制作的小提琴一次又一次在国际上得到高度评价，被国际音乐界人士盛赞为"戴氏小提琴。"

■故事感悟

搞音乐的人的耳朵聋了，多么残忍的事情，命运如此不公，德国的贝多芬经历了，中国的戴洪祥也经历了。他们都没有放弃，而是坚韧不拔，扼住了命运的咽喉，最后都成功了。人的一生正因为有了起伏才有了意义，但是无论发生什么，都要坚持、坚定。困难面前不要退缩，胜利是属于坚持者的。

□史海撷英

我国的小提琴制作

我国的提琴制造界所制作的产品经常在国际制作比赛中获奖，广东乐器厂的陈锦农、北京提琴厂的戴洪祥，是率先在国际提琴制作比赛中获得音质金奖的大师。

广东的徐弗、梁国辉、陈益、何恩等老一辈制琴大师制作的琴与弓，也经常在国内外提琴制作比赛中获得较好的名次，后起之秀朱明江制作的小提琴在美国的比赛中一举获得音质和工艺两项金奖，这是极其难得的。

目前，我国的小提琴制作工厂多达50多家，产量可观，北京提琴厂、上海提琴厂、广东乐器厂都是生产专业小提琴的名厂。近年来，广州的中外合资格里蒙那提琴有限公司更是异军突起，该公司大批量生产的各种规格的提琴畅销欧美十多个国家，产品跨入世界先进行列，该厂曹树坤、沈炽明制作的琴和关尚持制作的弓已成为演奏家们所钟爱的珍品。

第三篇

学海无涯苦作舟

刻苦攻读，孜孜以求的陈寿

陈寿（233—297），字承祚，西晋巴西安汉（现在四川南充）人。西晋史学家。他小时候好学，师事同郡学者谯周，蜀汉时曾任卫将军主簿、东观秘书郎、观阁令史、散骑黄门侍郎等职。280年，晋灭东吴，结束了分裂局面。陈寿当时48岁，开始撰写《三国志》。

陈寿刚出生时，骨瘦如柴，父母怕养不活他，就给他取了这个吉祥的名字。

小陈寿没有辜负父母的心愿，他竟然一天天健康地长大了。五六岁时，他就开始跟着父亲在家中读书写字。他天资聪颖，好奇心强，勤学好问，19岁那年就把家中的全部藏书读完了。还在一所私塾里读书，私塾先生教的书他很快就学会了。他的求知欲望已得不到满足，渴求学到新的知识，他便恳求父亲，要到很远的地方向一位叫谯周的老师求学。父亲虽不放心，但经不住孩子的苦苦哀求，终于答应了。

陈寿背着行李，带着干粮，急匆匆地上路。经过十多天的辛劳跋涉，他终于找到了思慕已久的老师。

陈寿的老师谯周对孔夫子的学说很有研究，被朝廷封为光禄大夫

（亲近皇帝的高级顾问官），是当时首屈一指的古代史学家。他开办的私学在巴蜀一带也最出名，许多豪门贵族都把子弟送到这里来读书。

陈寿初到这里，谯周见他是个十几岁的小孩子，不觉得有些好笑。他想：到我这里来求学的人都20多岁，这个乳臭未干的小孩子到我这里来求学，岂不有损于学堂的名声。于是，他连哄带推地对陈寿说："你太小了，我这里不收小学生，快回家去，过几年再来吧。"

陈寿一听就急了，连忙上前哀求说："先生，您收下我吧，别看我年岁小，我已经读完了《诗经》《书经》《礼经》《春秋》……难道还不够格当您的学生吗？"

谯周听说他读了这么多书，有些不信，就出了几个题目来考他，没想到陈寿竟对答如流，谯周十分惊讶。他见陈寿聪明伶俐，心中很喜欢，但又考虑到他年龄太小，心中有些犹豫。小陈寿见谯周沉吟半晌，没有说话，急忙走到他跟前抬起脚对他说："先生，为了到您这里来，我在路上走了十多天，把鞋底都磨穿了，您一定要收下我呀！"

谯周低头一看，只见陈寿脚下的鞋果然破了，底上穿了个洞，鞋面上裂了口，脚指头露在外面，有几个地方还结着污黑的血痂。他被这个少年顽强求学的精神感动了，一把拉住陈寿的手说："好吧，先试试看吧。"

陈寿来到这里以后，给学堂增添了不少生气。从来没有一个学生读过的竹简、帛书，一捆捆一堆堆放在角落里无人问津，陈寿却把它们搬了出来。每天，天刚蒙蒙亮，他就爬到山坡上去读书；当夜深人静的时候，同学们早已入睡了，只有陈寿仍然独坐在书院的烛光下刻苦攻读。谯周在学堂里从来没有见过这样用功的学生，他非常喜欢这个年龄最小、最用功的学生。谯周高兴地说："昔日仲尼弟子三千，贤人七十二，我几十个学生中出了一个陈寿，也算不枉终生为教啊！"

从此，谯周更加细心教导陈寿了。陈寿也虚心地向老师请教。在谯周的指导下，陈寿进步很快。他精心研读了诸子百家的经典著作，钻研了六艺（诗、书、礼、乐、易、春秋）以及天文、历法、算术、医学等各方面的知识。他最爱读的是那些古代的历史名著，如《尚书》《左传》《公羊传》《谷梁传》《史记》《汉书》等，他读了一遍又一遍。春秋战国的群雄争霸，秦汉王朝的兴亡更迭，都引起了他莫大的兴趣。那时候，还没有发明印刷术，为了得到这些书，陈寿一边读一边抄，一边背，那些精彩的段落差不多都能熟背下来。他不仅为历史上那些动人的故事所感动，而且对那些写史的人也非常敬仰。他立志长大以后也感当一名史官，给后人留下一部史书。从此，读书时，他不再满足于单纯的能记会背了，而且有目的地去研究、探索写史书的方法。

陈寿孜孜不倦地苦读，五年寒窗，使他成为一个学识渊博、才华横溢的青年。这时他感到，要写史书，光靠读书是不行的，更重要的是搜集和整理资料。于是，他告别了谯周老师，回到了故乡，开始注意搜集地方史料，留心乡间的知名人物，用这些材料进行编写史书的训练。经过数年的艰苦努力，他终于写出了著名的《三国志》。

在我国浩瀚的史书典籍中，《三国志》占有重要的地位。这部书凝聚了陈寿毕生的心血。它与《史记》《汉书》《后汉书》合称为"四书"。在"二十五史"中，它也是不可缺少的一部，是我们中华民族宝贵的历史遗产。

▇故事感悟

陈寿为了求学，历尽艰辛，鞋磨破了也没有动摇他的决心。在学习的五年里，他更是孜孜不倦，使谯周老师深感有陈寿一个学生不枉此生为教。凡有成就的人都像他一样，有坚定的意志、顽强的毅力、刻苦的精神。

□史海撷英

赤壁之战

　　赤壁之战是三国形成时期，孙权、刘备联军于汉献帝建安十三年（208年）在长江赤壁（今湖北赤壁西北）一带大胜曹操军队，奠定三国鼎立基础的著名战役。赤壁之战是历史上以少胜多的著名战例之一。赤壁之战中，曹操自负轻敌，指挥失误，加之水军不强，且军中出现瘟疫，终致战败。孙权、刘备在强敌面前冷静分析形势，结盟抗战，扬水战之长，巧用火攻，最终获得了胜利。

□文苑拾萃

《三国志》

　　《三国志》是晋代陈寿编写的一部主要记载魏、蜀、吴三国鼎立时期的纪传体国别史，详细记载了从魏文帝黄初元年（220年）到晋武帝太康元年（280年）60年的历史，受到后人推崇。《三国志》位列中国古代二十四史记载时间顺序第四位，与《史记》（司马迁）、《汉书》（班固）、《后汉书》（范晔、司马彪）并称前四史。

　　《三国志》不仅是一部史学巨著，更是一部文学巨著，包括《魏书》30卷，《蜀书》15卷，《吴书》20卷，共65卷。陈寿在尊重史实的基础上，以简练、优美的语言为我们绘制了一幅幅三国人物肖像图，人物塑造得非常生动。元末明初，罗贯中综合民间传说和戏曲、话本，结合陈寿《三国志》和裴松之注的史料，根据他个人对社会人生的体悟，创作了《三国志通俗演义》。现存最早刊本是明嘉靖年所刊刻的，俗称"嘉靖本"，全书共24卷。清康熙年间，毛纶、毛宗岗父子删改后，成为今日通行的120回本《三国演义》。

左思撰《三都赋》

左思（约250—305），字太冲，齐国临淄（今山东淄博）人，西晋著名文学家。自幼其貌不扬却才华出众。晋武帝时，因妹被选入宫，举家迁居洛阳，任秘书郎。左思出身寒门，虽有很高的文学才华，却在当时的门阀制度下屡不得志，只好在诗中表述自己的抱负和对权贵的蔑视，歌颂隐士的清高，因此成为太康年间成就最高的作家之一。《三都赋》与《咏史》是其代表作。

左思博学多才，能诗善赋，一生写了大量优秀的文学作品，成为当时文坛上享有盛名的领袖人物。

左思自幼贫穷，没有受过正规教育，但他志向远大，勤奋好学。在博览群书的过程中，渐渐对都赋（描写皇朝都城的文章）产生了浓厚的兴趣。每逢得到都赋，总要反复研读，立志要在写作都赋上作出一番成就。

汉朝的文学家班固写过《两都赋》，张衡写过《二京赋》，左思读后都赞叹不已。但是，他觉得这两赋虽好，也有美中不足之处。有些景物的描写缺乏事实依据，不免给人以虚假的感觉。他想，历史上的都城那么多，为什么自己就不能写一篇都赋，以扬前人之长，避前人之短呢？于是，他决心为三国时的蜀都成都、吴都建业（今江苏南京）和魏都邺城（今河北临漳）写赋，合称《三都赋》。

左思要写《三都赋》的消息在洛阳不胫而走，人们议论纷纷。赞许的有，但更多的是怀疑：一个无名小卒能写好吗？真不知天高地厚。写《两都赋》《二京赋》的班固和张衡都是汉朝名家，他竟想超越前人，简直是太不自量力了！

在冷嘲热讽中，左思激愤了，难道就不能超越前人吗？能，一定能！因此，他更坚定了写好《三都赋》的决心。

为了使《三都赋》言必有据，真实可信。他认真查阅、仔细研究了有关蜀都、吴都和魏都的大量史料，向了解情况的人调查三都的风土人情和山川草木，然后进行精心构思。在写作过程中，他意识到自己的知识积累还满足不了写作《三都赋》的需要，便主动请求担任秘书一类的职务，以便开阔眼界，增长知识。他不知疲倦，废寝忘食地创作。早上天蒙蒙亮就起床，晚上在烛光下一直写到深夜。他在室内、院子里、大门边，甚至厕所外面，都摆上桌子，安放好纸墨笔砚，想到一个好句子，马上就提笔记下来。他走路想，吃饭想，连上厕所都在思考文章的写法，有时简直入了迷。有一次，由于太专心，他竟把两支毛笔当筷子送入了口中，结果弄得满嘴乌黑。

夜晚，他伴着孤灯，在写得密密麻麻的纸上竟找不出哪些是需要删节、哪些是需要保留的句子。室内、庭院满是他写的草稿纸，狂风一吹，到处飞舞。随着时光的流逝，左思日夜书写，累得消瘦了、憔悴了，两鬓也开始添上几丝白发。足足花了十年心血，他的《三都赋》终于完成了。可是，左思已经从一个青年人变成了一个中年人。

左思这部光辉赋作问世的时候，他决心找一位有真才实学的人来作评定。于是，他把《三都赋》送给了学识渊博、德高望重的皇甫谧。皇甫谧反复看了几遍，禁不住拍案叫绝，立即提笔写序，然后又请人作了注解。几乎被打入冷宫的《三都赋》顿时身价百倍，成了洛阳的畅销书。人们视为珍宝，争相传抄。洛阳的纸张也紧张起来，纸价上涨了两三倍。到后来，人们有钱也买不到纸，只好到外地去买，"洛阳纸贵"的成语就是由此产生的。

▢故事感悟

左思不在乎别人的嘲笑，立志写《三都赋》。他废寝忘食地写作，甚至到了把两支毛笔当作筷子的境界。功夫不负有心人，他终于完成了被人们视为珍宝、争相传抄的《三都赋》。人活一世，就应该有自己铸在心里的追求，并且矢志不渝。

▢史海撷英

三国归晋

公元263年，司马昭为了建立赫赫军功，已做好篡夺皇权的准备，命钟会、邓艾及诸葛绪率军伐蜀，蜀汉主将姜维阻敌于剑阁。最后，邓艾经阴平直袭涪城，进逼成都。刘禅投降，蜀汉灭亡，史称"魏灭蜀之战"。

后来，钟会、姜维意图叛变，被司马昭立即平定。不久司马昭去世，其子司马炎于266年篡位，曹魏灭亡。司马炎建立晋朝，是为晋武帝，定都洛阳，史称西晋。

当时孙吴局势混乱，吴帝孙皓不修内政又穷极奢侈。270年，河西鲜卑族秃发树机能叛乱，直至279年才被平定。司马炎在此时先做好伐吴准备，他派羊祜守襄阳，与孙吴名将陆抗对峙，派王浚于益州大造船舰。274

年，陆抗去世。次年，羊祜提议伐吴，遭贾充反对而作罢。经过多年准备，279年，王浚、杜预上书司马炎，认为是伐吴的时候了，贾充、荀勖等则以"西北未定"的理由反对。最后，司马炎决定于该年12月进攻东吴，史称"晋灭吴之战"。司马炎以贾充为大都督，上游王浚军、中游杜预等军、下游王浑等军共六路并进，于280年逼近建业。孙皓投降，孙吴灭亡，三国归晋，全国重新大一统。

□文苑拾萃

《三都赋》

《三都赋》是西晋时期左思用十年时间写成，分《魏都赋》《吴都赋》《蜀都赋》三部分。《三都赋》不只是描写三个都城，而是写魏、蜀、吴三个国家的概况。当时的大文豪陆机曾想写这一题材，因左思已有成文，陆机感到很难超越，故止笔。

怀素刻苦钻研书法

怀素（725—785），中国唐代书法家，俗姓钱，字藏真，湖南零陵（今湖南省永州市零陵区）人。因他三家为僧，史书上称他为"零陵僧"。

怀素是中国历史上杰出的书法家，他的草书称为"狂草"，用笔圆劲有力，使转如环，奔放流畅，一气呵成，与张旭齐名。后世有"张颠素狂"或"颠张醉素"之称。怀素也能作诗，与李白、杜甫、苏涣等诗人都有交往。他好饮酒，每当饮酒兴起，不分墙壁、衣物、器皿，任意挥写，时人谓之"醉僧"。他的草书出于张芝、张旭。唐吕总《续书评》中说："怀素草书，援毫掣电，随手万变。"宋朱长文《续书断》列怀素书为妙品，评论说："如壮士拔剑，神彩动人。"

在我国书法史上有"颠张醉素"之称，"颠张"指的是张旭，"醉素"则是指怀素。怀素的狂草继承了张旭的某些风格，并自成一家，后人称之为"以狂继颠"。

怀素自幼家贫，出家当了和尚。寺内有位师兄爱好书法，小怀素常帮他磨墨，于是逐渐对书法产生了浓厚的兴趣，就跟着读书写字。师兄让他先临摹欧阳询的楷书，不久他的字就学得很像欧体，他便想学草书。师兄告诉他，楷书是书法的基础，不练好楷书，别的书体就写不好，写不出神态。不管做什么事，都要下苦功打好基础。

怀素没钱买文房四宝，他就在寺院附近种了万余株芭蕉，以蕉叶代纸，人们称该寺为"绿天庵"。芭蕉叶不够用，他想方设法油漆了一块木板来练字，时间久了，木板竟被写穿了。练习书法要用毛笔，用上一段时间就成秃笔，无法再用。怀素弃笔成堆，他将秃笔埋在山下，戏称"笔冢"。

他学欧体形神兼备，几乎可以乱真。接着他又学三国时期魏国钟繇的楷书。钟繇是我国楷书的奠基人，其楷书飞动，点画之间多异趣，钟繇的楷书对怀素的草书产生了积极的影响。

在扎实的楷书基础上，怀素开始学习东汉张芝的草书。张芝被称为"草圣"，写字一笔而成，气脉能隔行相通。怀素也学王羲之、王献之的草书。他身怀绝艺，有超越前贤的勇气。有人劝他："当代张旭狂草已名扬天下，你想在此领域开创新天地，那实在太难了！"怀素笑道："我写草书在笔画瘦挺、结构造型、章法布局、运笔气势等方面有自己特色，我要选择这条最为艰难的路奋勇前行！"

唐肃宗乾元元年（758年），大诗人李白被流放到夜郎（今贵州），途经湖南时与年轻的怀素相遇。酒逢知己千杯少，怀素在大醉中挥洒翰墨，一如龙蛇盘绕。李白也乘着酒兴抒发胸臆，写了《草书歌行》相赠。李白此诗迅速传开，怀素也从此名震天下。

唐代宗大历四年（769年），诗人苏涣来长沙任幕僚，也惊叹怀素草书的神妙，鼓励他南游广州，并为之向广州刺史徐浩写了推荐信。徐浩是当时著名的书法家，精于楷书。怀素慕名而去，两人一见如故，徐浩留怀素住了一年多，于是怀素的草书闻名于岭南。

唐代宗大历六年（771年），怀素游历京城长安，京城中名流与文士都愿与他交游，常常请他当场挥毫。怀素喜欢喝酒，在酒酣之际运笔纵横，神采飞扬，酣畅淋漓而又有法度。诗人窦冀目睹此情此景，写诗赞叹："粉壁长廊数十间，兴来小豁胸中气。忽然绝叫三五声，满壁纵横千万字。""忽然绝叫"是指怀素的创作冲动不可抑制、情不自禁地发出强烈的呼叫。诗人戴叔伦也写诗赞道："驰毫骤墨剧奔驷，满座失声看不及。"在场的观众目光居然跟不上怀素迅疾的挥毫笔势，都为他失声叫好，这充分显示出怀素高超的书法艺术具有冲击人心的震撼力。

在京城长安，怀素如饥似渴地研读着各书法名家的精品，观看了众多的名家碑刻和题字，几乎达到了如痴如醉的地步。怀素曾向颜真卿学过书法，颜真卿把自己学得的张旭笔法毫无保留地传给他，使他感动万分。他也去拜见过其他文士名流，大家都以诗相赠。他将师友的赠诗汇编成册，名为《怀素上人草书歌》，颜真卿为此诗集作序。长安之行使怀素大开眼界，大长见识。他的狂草艺术得到社会名流的赞许，从此一跃登上中唐书坛。

一年之后，怀素载誉回到长沙，继续精研书艺，由灿烂渐趋平淡。晚年所书《自叙帖》《苦笋帖》刚劲圆转，回笔藏锋，在艺术上直追张旭，成为唐代书坛上草书艺术的第二座高峰，对后世产生了深远的影响。

□故事感悟

一个人要想成就大业，就必须付出努力和汗水，怀素为了到达书法的最高境界，练穿了木板，练秃了笔头，终于成了书法大家。从他的经历中我们可以体会到，要想攀登高峰就要不懈努力！

□ 史海撷英

唐朝的书法

唐朝时书法家辈出。欧阳询、虞世南是初唐著名书法家。欧阳询的楷书笔法严整，代表作为《九成宫醴泉铭》；虞世南的楷书体势柔圆。颜真卿和柳公权是唐中后期书法家的翘楚。颜真卿的楷书用笔肥厚，内含筋骨，劲健洒脱，代表作为《多宝塔碑》；柳公权的行文字体劲健，代表作为《玄秘塔碑》。世人称颜柳书法为"颜筋柳骨"。张旭和怀素则是草书大家。此外，孙过庭、褚遂良等都是书法名家。

"司马光警枕"促读

司马光(1019—1086),北宋陕州夏县(今山西夏县)人,字君实,号迂夫,晚年号迂叟,世称涑水先生。司马光是我国历史上著名的政治家、史学家和散文家。司马光自幼嗜学,尤喜《春秋左氏传》。他主编了卷帙浩繁的史学巨著《资治通鉴》。

司马光从小爱读书,尤其喜欢读历史书。他看到别人有什么长处就下功夫学习,直到超过别人为止。他小时候和哥哥、弟弟们一起学习,感到自己的记忆力比较差,便想办法克服这个弱点。每当老师讲完课,哥哥、弟弟们读上一会儿便扔开书本、跑到院子里去玩的时候,司马光就关上门窗,独自一人一遍又一遍地高声朗读起来,直至能流畅地背诵才肯休息。他还利用一切空闲时间,比如骑马赶路或夜里不能入睡的时候,一面默诵,一面思考。久而久之,他不仅能够精通所学的内容,而且记忆力也越来越强了,少时所学的东西竟至终身不忘。

司马光做官以后,读书更加刻苦。为了抓紧时间读书,他给自己设计了一套特别的卧具:一张木板床和一个小圆木枕头。为什么要用圆木作枕头呢？因为硬邦邦的圆木枕头放在硬邦邦的硬木板床上容易滚动，读书困了睡着时，只要一翻身，枕头就滚走，头磕在木板上，这样就会惊醒，可以马上起来继续读书，不会一觉睡到天亮。司马光给这个小圆木枕头起了个名字，叫"警枕"。

司马光通过长时期的勤学苦读，扩大了知识面，提高了认识水平，为著书立说打下了坚实的基础。

《资治通鉴》（以下简称《通鉴》）的编修，前后历时19年。在《通鉴》的编修过程中，司马光付出了艰辛的劳动。据说，他每天很早起来开始工作，一直到深夜才就寝。每天修改的稿纸有一丈多长，而且上边没有一个错字。直到《通鉴》修完，在洛阳存放的未用残稿堆满了两间屋子。司马光在他的进书表上提到："臣之精力，尽于此书"，绝非虚语。

■故事感悟

司马光抓紧时间勤学苦读，用自己设计的一套特殊的卧具来警示自己，最后编制了《资治通鉴》。可见凡事不要灰心，只要怀抱理想，坚持不懈地努力，就一定会成功。

■史海撷英

"丘八"诗人

冯玉祥将军不仅是位善于带兵打仗的军人，而且还是一位诗人。周恩来总理曾赞誉他所倡导的"丘八"体诗，"兴会所至，嬉笑怒骂，都成文章"。

冯玉祥在泰山期间写了很多诗。他的诗不像文人雅士那样，以观松眺雪、吟风弄月为题,他是从体察民情和时弊所得感慨而写成诗。他的诗,俚语乡言,通俗易懂,感情真挚。

■文苑拾萃

《资治通鉴》

《资治通鉴》简称《通鉴》,由北宋司马光主编。它是我国历史上最浩大的一部编年史,全书共294卷,通贯古今,上启战国初期韩、赵、魏三家分晋(公元前403年),下迄五代(后梁、后唐、后晋、后汉、后周)末年赵匡胤(宋太祖)灭后周以前(959年),凡1362年。作者把这1362年的史实,依年代先后,以年月为经,以史实为纬,顺序记写。对于重大的历史事件的前因后果与各方面的关联都交代得清清楚楚,使读者对史实的发展能够一目了然。

王冕勤奋画荷花

王冕（1310—1359），元代著名画家、诗人、书法家，浙江诸暨人。他出身农家，幼年丧父，在秦家放牛，每天利用放牛的时间画荷花，晚至寺院长明灯下读书，他学识深邃，能诗善画，曾隐居九里山，以卖画为生。他画梅以胭脂作梅花骨体，或花密枝繁，别具风格；亦善写竹石，兼能刻印，用花乳石做印材，相传是他始创。著有《竹斋集》《墨梅图题诗》等。

元代大画家王冕最擅长画荷花，他画的荷花姿态万千，非常逼真。许多人为了求他画一幅荷花，不辞辛苦，从很远的地方带着贵重的礼物赶到他家。

王冕自幼家贫，白天替人放牛填饱肚子，晚上才有时间在自己家里的小破桌子上自学。

一天，他在湖边放牛，忽然下起阵雨。雨停后，湖里的荷花和荷叶被雨水冲洗得非常干净，荷花在微风中摇曳，荷叶上还有亮晶晶的水珠。他看到这样的美景，心想：要是能把它画下来该多好啊。于是，他用身上仅有的一点儿钱买了纸和笔，开始画起来。

画了一张又一张，却总画不好，不是颜色不对，就是构图不好。可是，王冕一点儿也不灰心。不知不觉中半天的时间过去了。一抬头，天快黑了，牛也不见了，他只好空着手回去。

回去后他挨了一顿骂。可是，他丝毫没打算放弃绘画，他坚信总有一天他会画好。于是，每天不管日晒雨淋，他都一边放牛一边观察荷花。有时在湖边画，有时晚上回家还要画几个时辰。

他的荷花越画越好。渐渐地，十里八乡都知道他的荷花画得好，很多人都想要他的画，他便把荷花画卖掉，卖得的钱拿回家孝敬母亲。他的家境因此渐渐好转，他也不再替人放牛。同时，他的名声也渐渐远播，终于成为一个远近闻名的大画家。

■故事感悟

王冕热爱画荷，他专心致志、持之以恒、反复练习，终于成功了。学习也是这样，不但要有热情，还要有耐力和毅力。

■史海撷英

元代的运河

元代的全国政治中心移到了北京以后，为了缩短从北京到杭州绕道洛阳的航线，1283—1293年，朝廷派人先后挖通了北京到通县的通惠河、山东临清到东平的会通河、东平到济宁的济州河。大运河改成直线后，比隋代京杭运河缩短了900多千米。自隋唐至宋，大运河是以洛阳为中心的一条南北运输线，经元朝修会通河和通惠河以后，大运河就成为以大都为中心的新型运河，这就是今天京杭大运河的前身。

元 曲

　　元曲的兴起对于我国民族诗歌的发展、文化的繁荣有着深远的影响和卓越的贡献。关汉卿、白朴、马致远、郑光祖四位元代杂剧作家代表了元代不同时期不同流派杂剧创作的成就，因此被称为"元曲四大家"。《窦娥冤》，全称《感天动地窦娥冤》，是元朝关汉卿的杂剧代表作，也是我国古代悲剧的代表作。

高则诚写剧踩穿地板

高则诚（1305—? ），原名高明，字则诚，号菜根道人，瑞安阁巷人。元朝建立以后，高则诚考中进士，断断续续做了十来年的元朝官吏。由于他为官清廉，不畏权势，生性耿直，刚正不阿，经常与上司意见不合，故常常辞官隐退，任职时间都不长。后专心致志从事他酝酿已久的《琵琶记》的创作。大约花了三年时间，《琵琶记》终于问世。《琵琶记》上演以后，深受广大群众欢迎，在元末的剧坛上成为一颗璀璨夺目的明珠，历经600多年，流传不衰，影响深远。

高则诚看了民间故事《赵贞女与蔡二郎》后，非常感动，决心写一部戏剧。于是，他辞官回家，隐居在宁波南乡的栎社，开始了创作。

当时文人写的戏有些情节不便于演唱，他为了使自己写的戏合乎格律，便于演唱，就边写边唱。每写一个曲子，他都要右手扶着几案，左脚踩着地板打拍子，反复吟唱，发现不合声律和拗口的地方就停下来修改，反复多次直到满意为止。由于经常边打节拍边唱，日子久了，口干舌燥，声音也嘶哑了。朋友劝他："何必为难自己到这种程度呢？"

高则诚说："干什么都不是轻而易举的，要写出词曲优美、人物鲜明、情节生动的戏剧从而超越前人，不苦怎么行呢？"

整整三年过去了，他终于写成了《琵琶记》。只见几案上手拍的地方，指痕竟有一寸多深，左脚踏拍的地方，地板都被踩穿了，出现了一个窟窿。由于他的辛勤创作，《琵琶记》被誉为"南戏之祖"，他也被誉为著名的剧作家。

■故事感悟

高则诚专心致志地写戏曲，到了踏穿地板的程度。这说明做什么事情都需要努力，一点一滴积累，有一天你会发现，其实自己也可以成功。

■史海撷英

元代的驿道、驿站

元朝统一全国以后，疆域十分辽阔。为了加强各地政治、经济、文化之间的联系，元朝廷大力发展交通运输业，建立了四通八达的驿道、驿站体系。

驿站的设置开始于成吉思汗时期，此后规模不断扩大。忽必烈建元后，逐步建立起以大都为中心的四通八达的驿站网。

驿站分陆站和水站。全国各类驿站共有1500多处，在驿站服役的驿户达到二三十万人。与驿站相辅而行的还有"急递铺"，专门负责朝廷和官府紧急文书的传送。驿站和急递铺的建立是以军事和政治为主要目的，对巩固政权、维护中央集权统治起到了积极的作用，而且加强了各地区、各民族的政治、经济、文化的联系，在一定程度上促进了元代商品经济的繁荣，保障了各界人士的旅途畅通和旅行安全。

元代四大悲剧

关汉卿的《窦娥冤》、白朴的《梧桐雨》、马致远的《汉宫秋》和纪君祥的《赵氏孤儿》，是中国戏曲史上的辉煌篇章。

这四部戏剧从其诞生之日起就被列入了中国悲剧的行列，被后世学者冠以"元代四大悲剧"之称，并给予了很高的赞誉。

它们通过表现真实的生活和唯美的艺术，抒写了荡气回肠的悲情旋律，几百年来在读者心里产生无数次心灵的震颤和对人生的哀叹、感悟。

第四篇
咬定青山不放松

给犹太人办签证的何凤山

何凤山（1901—1997），二战期间任中国驻维也纳总领事。他向数千犹太人发放了前往上海的签证，使他们免遭纳粹的杀害，被称为"中国的辛德勒"。

1938年，纳粹德国吞并了奥地利。奥地利是世界第二大犹太人居住国，奥地利的犹太人从此遭受了厄运。每天都有无辜的犹太人遭到残忍杀害，更多的人被关进了集中营，遭受着非人的折磨。在自己的国家无法生存下去了，犹太人只好前往各国驻维也纳领事馆申请移民。但是，多数国家拒绝伸出援助之手，因为他们怕给犹太人签证会引来麻烦。

何凤山是当时中国政府驻奥地利维也纳的总领事。眼看着奥地利的犹太人将被惨无人道地斩尽杀绝，他的心被刺痛了，他决定尽自己所能来帮助这些苦难的人们。他规定，任何人只要提出申请，就能在中国领事馆得到去上海的签证。这一消息像长了翅膀一样，迅速在奥地利的犹太人中传开了。中国领事馆门前很快排起了长龙，每个人都希望能尽快得到这一生命签证。何凤山和他手下的工作人员忘我地工作着，以最快的速度为这些犹太人办好了各种手续。

很快，何凤山给犹太人发签证的事传到了他的顶头上司陈介那里。陈介时任国民党政府派驻德国柏林的大使。陈介胆小怕事，生怕这事会砸了自己的"饭碗"。他从柏林打电话到维也纳，命令何凤山赶快停止给犹太人办签证，以免惹火上身。何凤山在电话那边当即说："不行，我不能眼看着这些无辜的人遭受屠杀。对不起，我无法按照您的要求做。"

何凤山虽然顶住了上司的压力，但纳粹当局不会放过他。他们找了一个借口，将中国驻奥地利领事馆的房子没收了。何凤山并没有因此退却，他掏出自己的积蓄，在维也纳另租了一所小屋子，作为领事馆办公处，继续给犹太人发签证。他说："只要我在任一天，我就会帮助这些苦难的人。"

何凤山从1938年5月上任，到1940年5月被调离岗位，他到底给多少犹太人发过签证，挽救了多少犹太人，现在已经很难查证了。从一位犹太幸存者提供的护照上看，1938年7月20日，这位名叫艾兰克的幸运者领到的签证号已超过1200号。这样算来，何凤山至少救了数千名犹太人的性命。

2000年1月26日至28日，在瑞典首都斯德哥尔摩召开了一次专门反思20世纪大屠杀的国际会议。会议期间，世界犹太人组织举办了一个名为"生命的签证"的展览，介绍二战期间救助犹太人的各国外交官，排在榜首的就是何凤山。美国大名鼎鼎的亿万富翁伊斯雷尔·辛格（现任全世界犹太人大会的秘书长）在会上含着泪水说："我的父母就是何凤山先生救的，他是一位真正的英雄。我一定要把他介绍给全世界的人。"

2001年1月23日，以色列政府在耶路撒冷的犹太人屠杀纪念馆举行了隆重的仪式，授予何凤山"国际正义人士"的荣誉称号，并颁发了"国际正义人士奖"证书。

■故事感悟

为了正义事业，就算是惹火上身，何凤山也要给犹太人办签证。他是一位真正的英雄，无愧于"国际正义人士"的荣誉称号。

■史海撷英

第二次世界大战

1939年9月1日至1945年8月15日，以德国、意大利、日本法西斯轴心国（及芬兰、匈牙利、罗马尼亚等国）为一方，以反法西斯同盟和全世界反法西斯力量为另一方，爆发了第二次全球规模的战争，即第二次世界大战，简称二战。从欧洲到亚洲，从大西洋到太平洋，先后有61个国家和地区、20亿以上的人口被卷入战争，作战区域面积2200万平方千米。据不完全统计，战争中军民共伤亡9000多万人，耗资5万多亿美元。第二次世界大战最后以美国、苏联、中国、英国等反法西斯国家和世界人民战胜法西斯侵略者赢得世界和平与进步而告终。

■文苑拾萃

何凤山博士墓志铭

（现代）余秋雨

公元20世纪30年代，法西斯狂潮肆虐欧洲，数百万犹太人惨遭迫害。无辜平民死中求生寻找逃奔之路，多国政府慑于淫威拒收犹太难民。在此漫天黑暗间，维也纳一处屋宇灯火犹亮，一位东方外交官争分夺秒发放签证，帮助犹太难民逃到上海和其他地方。

屋宇为何名？中国驻维也纳总领事馆也。外交官为何人？中国驻维也纳总领事何凤山博士也。

此屋宇终被法西斯没收，何凤山博士自租公寓继续签证。此善举又被国内同行疑忌，何凤山博士光明磊落不为所动。随其手也，千百家庭得以绝处逢生；随其笔也，沉溺之身攀上救命方舟；随其声也，域外人士惊识中华文明；随其形也，离乱生命重建人世信心。

华夏之德，不思远征而不拒远援。君子之道，默行大善而不声张。何凤山博士之功绩埋入尘沙久焉，近年方见端倪，已被以色列政府授予"国际正义人士"的荣誉称号。其家乡中国湖南省益阳市民众闻之事迹，深为感动，遂会商其子女，决定修筑何凤山纪念墓地于中心城区，以千年乡土体温，永久拥抱这位伟大游子。

余赞之曰：三尺之助尚不易，万里之善非等闲，乱世星火天有记，湖南益阳何凤山。

顽强拼搏的铁人王进喜

王进喜（1923—1970），大庆人的杰出代表，中国石油工人的光辉典范，中国工人阶级的先锋战士，中国共产党人的优秀楷模，中华民族的英雄。他为祖国石油工业的发展和社会主义建设立下了不朽的功勋，在创造了巨大物质财富的同时，还给我们留下了宝贵的精神财富——铁人精神。

王进喜是大庆油田工人阶级的先锋战士，同志们称他"王铁人"。他胸怀革命大目标，一心为公，严于律己，为甩掉我国石油落后的帽子，献出了自己毕生的精力，为祖国社会主义建设立下了不朽的功勋。

1960年3月，王进喜率领1205钻井队，千里迢迢来到寒风怒吼、滴水成冰的大庆草原，决心拿下我国第一个大油田。会战初期，遇到重重困难，王进喜说："为甩掉石油落后的帽子，把我们国家建设得更强大，天大的困难也要顶得住。"工人们被他的精神所鼓舞，人人干劲儿倍增。工人们拉的拉、抬的抬、扛的扛，硬是用肩膀和双手把钻机从火车上卸下来，搬到几十里以外的井场上了。眼看就要打井了，水管没接好，开钻没水怎么办？为节省时间，王进喜带领全队工人硬是用盆端来了几十吨水，提前开钻。经过日夜奋战，大庆荒原的第一口井于4月19日喷出乌黑发亮的原油。

五月的一天，天刚蒙蒙亮，王进喜在井场上指挥工人放井架"搬家"。忽然，一根几百斤重的钻杆滚下来砸伤了他的腿，王进喜疼得昏了过去。等他醒来一看，井架还没放下，几个工人在围着救护他。王进喜急了，对大家说："我又不是泥捏的，哪能碰一下就散了？"说完，猛地站起来，举起双手指挥工人继续放井架，鲜血从裤腿和鞋袜里浸了出来。

打第二口井的时候，王进喜的腿伤还没好，每天拄着双拐在井场上来回指挥。

一天，轰隆一声，钻机上几十斤重的方瓦忽然飞了出来，井喷的迹象出现了。在这十分危急的时刻，王进喜忘记自己的腿疼，立刻奔上前去。压井喷需要用重晶石粉调泥浆，井场上没有，他当机立断决定用水泥代替。一袋袋水泥倒进泥浆池，没有搅拌机，水泥沉在池底。这时，王进喜奋不顾身，把双拐一甩，说了声："跳！"就纵身跳进泥浆池，用自己的身体来搅拌泥浆。几个小伙子也跟着跳了进去。他们整整奋战了三个小时，险恶的井喷被压下去了，油井和钻机保住了。同志们把王进喜扶出来时，他手上和身上被水泥浆烧起了大泡，腿疼使他扑倒在钻杆上，豆大的汗珠不停地从脸上滚下来。井场附近的老乡纷纷称赞说："你们的王队长真是舍己为公的铁人啊！"

有一次，在湖泊冰面上做钻井试验，王进喜亲自在车前探路指挥。汽车向冰湖开去，冰面上"咔嚓咔嚓"直响，他不慌不忙地引导汽车平稳前进。湖面断裂开一道道缝隙，湖水从缝里涌了出来，岸上人惊叫："危险！停！停！"王进喜完全忘却了个人安危，大声说："不怕，冰面有裂缝是个别地方。"于是，继续开车前进。终于，他探出了一条冰上钻井的路。

王进喜的一生有自己的信念、自己的追求，为了中国石油工业的发展，不怕苦不怕累，一心扑在工作上。我们要学习他这种精神，更好地建设我们的祖国。

世界冠军要咱当

王进喜

大地回春练兵忙，磨好刀枪整好装。
只待战令一声下，跃马扬鞭上战场。
庄稼喜雨花朝阳，会战全靠共产党。
中华民族站起来，世界冠军要咱当。

苏阿芒学外语

苏阿芒（1936—1990），安徽石台人，原名苏承宗。他是中国的外语奇才，掌握了20多种外国语，1957年加入国际世界语协会，历任国际世界语博物馆馆员，国际世界语《世界文学》特约撰稿人，国际世界读者青年联合会中央委员，1951年开始发表作品。1979年任百花出版社编辑，1979年加入中国作家协会，并且广泛地向外国介绍中国的文化，对中外文化交流做出了重要的贡献。

在奥地利的首都维也纳，有一座国际世界语博物馆。过去，博物馆里一直没有中国人的塑像。20世纪60年代中期，这里增添了一尊中国人的塑像。这位中国人，20多岁，瘦瘦的脸庞，身穿简朴整洁的衣服，昂首凝视着远方，他就是苏阿芒。

苏阿芒原名苏承宗，"苏阿芒"是他用世界语进行翻译和写作的笔名。来自各国的参观者，对他的作品给予了很高的评价。当他们了解到，这个年轻的中国人没有进过专门的学校学习，完全是靠自学掌握了世界语的时候，对他就更加钦佩了。

一个严寒的冬夜，刺骨的西北风拍打着苏阿芒那间小屋的门窗，屋里本来就没有生炉子，此刻就更冷了。

时针已经指向12时，苏阿芒却好像忘记了寒冷，忘记了时间，还伏在桌前学习外语。

从上中学起，苏阿芒就特别喜欢外语和文学。在外语中，他最喜欢世界语。因为用这种国际辅助语言，各国人民都能进行交流。

他多么希望能考入大学去深造啊！可是，他连考几次大学都没有被录取。这是他在人生道路上受到的第一个沉重打击。受到这样的打击，有的人灰心了、失望了，放弃了学习，可苏阿芒没有灰心。他对朋友说："青春是宝贵的。我觉得要为祖国作贡献，无论在什么样的情况下，都不应该虚度年华。"

苏阿芒决心自学外语。每天清晨，天刚蒙蒙亮，他就开始背外语单词；每天晚上，母亲再三催促，他还不肯休息。母亲对人说："没办法，这孩子一拿起书，什么事都扔到脖子后边去了。"一位邻居也说："我们经常看到小苏一个人走在街上，边走边说，开始我们以为他有毛病，后来才知道他在念外语。"

有一对意大利侨民夫妇从青岛移居天津，苏阿芒听说以后，就去拜访这两位老人，请求他们教他学习意大利语。这对年迈的老夫妇高兴地收下了这个好学的学生。苏阿芒除了虚心听老师讲授外，还把自己读过的文艺作品用意大利语转述给老师听，请老师挑毛病。经过一年多的勤学苦练，苏阿芒能轻松自如地运用意大利文了。

一天夜里，苏阿芒正在翻译一首诗，突然他觉得眼睛胀得难以忍受，顿时眼前一片模糊，接着就什么也看不见了。

"啊！好疼……"

母亲闻声赶来，把他扶到床上躺下。

"孩子，你身体单薄，为什么不多歇歇呢？整天学那些洋文有什么用呢？"母亲难过地说。

"妈妈，学外语可有用处啦！"尽管眼疼难忍，可一提起外语来，苏阿芒就忘记了疼痛。"学会一门外语，就好比在自己脑子里又打开了一扇窗户。学好了外语，把我们祖国的文化介绍给世界人民，把外国的文化介绍到祖国来，这工作多有意义啊！"望着眼睛患病还惦记着学习的儿子，母亲忍不住流下了眼泪。

经过检查，苏阿芒是由于过度疲劳，造成眼底血管破裂。经过医生的精心治疗，苏阿芒的眼病渐渐好转了。可是，病一好他就又开始没日没夜地苦读起来。

常言说得好：苦心人，天不负；有志者，事竟成。经过十多年的艰苦自学，苏阿芒不同程度地掌握了21种外语，其中英、法、德、俄、意和世界语，都达到了能看、能听、能说、能写的水平。

外语是一种工具，苏阿芒并不以掌握了这种工具为满足，而是运用这种工具进行翻译、写作，他要向全世界介绍我们的祖国。

他用外文撰写了许多文章，向世界人民介绍屈原、杜甫、郑成功、詹天佑、聂耳等中华民族的杰出人物，介绍万里长城、龙门石窟、昭君墓等中国的名胜古迹。

他还把《白蛇传》《刘三姐》《梁山伯与祝英台》等美丽动人的中国民间故事用世界语写成长诗，发表在国外的文艺刊物上。

世界五大洲的近40个国家的报纸杂志都刊登过苏阿芒的文章，通过他的作品，各国人民了解到了中国光辉灿烂的历史文化。

国外的报纸称赞他是"年轻的、天才的中国世界语诗人。"

1965年，在日本举行了全世界世界语赛诗会，苏阿芒应邀寄去了自己的一首诗。进过一番评比，最终他荣获了优等奖。消息传来，苏阿芒万分激动。他想，这不是我个人的荣光，是祖国的荣誉！作为祖国的儿子，我还要为她赢得更大的荣誉。

大会决定发给他一笔奖金，他立即写信表示，将这笔奖金全部捐献给国际世界语协会亚非基金会。

由于苏阿芒享有很高的声望，他被国际世界语协会吸收为会员，被国际世界语博物馆聘请为馆员。瑞典的世界语杂志把苏阿芒的照片刊登在封面上，照片的说明文字是："一颗新星在东方闪光"。

■故事感悟

苏阿芒热爱外语，自学成才，时刻不放松，从来不气馁，他梦想着向世界介绍自己的祖国。由于过度疲劳，造成眼底血管破裂，可他还是坚持翻译文章，向世界介绍中国的灿烂文化。他的这种精神，值得我们学习。

■史海撷英

和平共处五项原则

这是周恩来总理于1953年提出的我国对外交往的方针。内容包括：互相尊重主权和领土完整、互不侵犯、互不干涉内政、平等互利、和平共处五项。

周恩来总理在第二年访问印度和缅甸时，同上述两国正式倡议将这"五项原则"作为国际关系的基本准则。为促进亚非国家的团结与合作，中国积极支持并参加了1955年4月在印度尼西亚万隆举行的亚非会议。截止到1956年，与中国建交的国家已有25个，五项原则为中国外交的进一步发展奠定了坚实的基础。

我爱你，中华

苏阿芒

世界上有很多美丽的地方，

它们常常引起我的幻想，

埃及古老的金字塔，

俄罗斯神秘的白夜，

塞纳河畔迷人的黄昏，

和挪威午夜的太阳，

但是，我最爱的只有你啊

——美丽的中华！

这首诗是苏阿芒所作，诗中跳跃着的是一颗滚烫的爱国心。

马家军为国争光

马俊仁（1944— ），中国田径的传奇教练，他率领的辽宁中长跑女队在1993年横扫世锦赛，夺得女子1500米、3000米和10000米三枚金牌，同年的"七运会"上，多人次打破1500米、3000米和10000米的世界纪录，书写了中国田径史上最辉煌的历史。他先后培养出曲云霞、王军霞、董艳梅、姜波等一批世界级中长跑名将，其率领的辽宁中长跑女队一度被冠以"马家军"。

中国人有句古话，"3岁看大，7岁看老。"童年的马俊仁就异于同龄人。他6岁时，父母按当地风俗为他订了"娃娃亲"，未谙人事的马俊仁却似乎有着天生的反叛精神与远大志向，他对父母说："我现在不想要媳妇。等我长大了，我要做将军！"

少年时期，马俊仁曾有过赶马车的经历。这一行当对于一个十来岁的孩子来说太苦太累了，而且还有危险。但马俊仁似乎过早地成熟了，他不仅未被苦难压倒，反而从中获得了很大的乐趣。马俊仁特别喜欢烈马，他认为烈马虽然脾气暴躁，但干起活来肯定是好样儿的，关键是要驯服它。这一经历不能不说对马俊仁日后的成功有着潜移默化的影响。

梦想的确立有一个前提，即首先选定一个领域。在对这一领域有所了解之后，自然就会确立努力的方向。

马俊仁曾参军入伍，复员后面临着人生事业的重新抉择。他在部队时曾是养花高手，按理说应该选择园艺行业，但马俊仁割舍不下他对体育事业的热爱。在部队里，马俊仁曾是军区军事五项全能标兵，与体育运动结下了不解之缘。因此，马俊仁把从事体育训练当成了自己的志愿，他来到鞍山一所中学担任了体育教师。

虽然仅仅是一名体育老师，但马俊仁始终关心着中国体育运动的状况。20世纪70年代，由于各种因素的干扰，我国的体育运动水平在国际上总体来说是落后的。看到在重大的国际田径比赛中，中国队往往连名次都排不上，他想：在抗美援朝战场上，志愿军能把人高马大的美国兵打败，为什么在运动场上就比不过他们？他暗自发誓：自己一定要培养出能拿世界冠军的运动员！从此马俊仁确立了自己的梦想。

梦想是远大志向的产物，但有时也是压力的产物。不利的环境往往能激发一个人的意志，也往往能使之丧失信心，而只有勇于抗争的人才能获得成功。

有一年，马俊仁率四名队员赴葡萄牙参加世界中学生3000米越野赛，途经巴黎时却遭到了不公正待遇，到达里斯本后又受到了冷落。一名比利时教练甚至对马俊仁说："你们中国小球行，大球和跑步根本不行。"马俊仁气愤极了，一夜未眠。第二天，他把队员们集中在一起讲了一遍昨天的经历，最后说："今天，你们哪怕越过外国运动员一米，那也是胜利！"队员们的士气鼓足了，在比赛中如愤怒的旋风一样冲在前面，结果包揽了前四名。

同样，1992年世界田径锦标赛在斯图加特举行，"马家军"包揽了女子中长跑的三块金牌，震惊了整个国际田径界。西方国家的一些人开始心理不平衡了，散布了许多诸如"中国队服用兴奋剂"之类的谣言。在记者招待会上，面对着记者们明显带有敌意的询问，马俊仁思潮翻涌。他对记者们说道："我们不光能在世锦赛上拿金牌，回去还可以在我们北京的七运会上破世界纪录！"马俊仁又为自己定下了一个目标。

定下这样一个目标在许多人看来是马俊仁在吹牛，这也把他自己逼到了绝路。但马俊仁心里有底，他相信自己训练方法的科学性，也相信队员们的实力。况且，以事实来说话难道不远胜于辩白么？果然，在1993年举行的七运会上，"马家军"主力王军霞将万米世界纪录缩短了近42秒，曲云霞打破了3000米的世界纪录。马俊仁的目标再一次实现了。

■故事感悟

"马家军"这一称号在20世纪响彻了中国大地，它给中国人带来了希望，带来了曙光。马俊仁带领他的队员打破了一直由外国人霸占的田径赛场，使五星红旗一次次飘扬在赛场上空，使中国人扬眉吐气！

■史海撷英

马俊仁时代

1993年，斯图加特世界田径锦标赛，王军霞、曲云霞、刘冬分别获得10000米、3000米和1500米冠军，马家军开始被媒体关注。那年10月的西班牙世界马拉松赛，马家军夺下团体冠军，一举包揽了女子前4名。国际体坛大惊："世界中长跑进入了一个新时代——马俊仁时代"。"第一代马家军"几乎个个是世界级高手，王军霞、曲云霞、刘冬分别有骄人的世界纪录在身。1997年，第二代"马家军"在"八运会"再显威风。

□文苑拾萃

题书斋联

蒲松龄

有志者，事竟成，破釜沉舟，百二秦关终属楚；
苦心人，天不负，卧薪尝胆，三千越甲可吞吴。

单腿独臂远行人

　　孟辉(1952—　　),辽宁营口人,号明辉居士。原为营口市一铝材厂小车司机,后成为篮球运动员,因车祸失去右臂和左腿,之后,以卖字画为生。他立志成为一名残疾人旅行家,从1993年开始,骑单车旅行,并于1997年获上海吉尼斯世界纪录。

　　云南丽江古城有条四方街,被纳西人称为"文化街"。在"文化街",纳西族民居的店铺中有一家吉尼斯书斋,书斋的主人就是来自辽宁的孟辉。

　　某年六月初的一天,吉尼斯书斋门前,一个典型的东北大汉穿着黄色短袖运动服,用他那光秃秃的右臂绑着毫笔,运用自如地在一张宣纸上书写出俊秀、圆润的篆体书法,赢得了围观游客的阵阵喝彩。

　　孟辉于1985年因意外车祸失去了左腿和右臂,这对篮球运动员的他来说,不啻于晴天霹雳,他几乎失去了生存的信念。看着两个年幼的儿子,他不忍离开人世,是他的妻子——一位与他一样热爱篮球运动的女强者鼓励他、关爱他,使他又重新战胜了自我,树立了信心。

失去了劳动能力以后，孟辉遂以书法求生。不管是炎热酷暑，还是风雪寒冬，每天坚持练笔，付出的辛苦比常人多十倍、百倍。功夫不负有心人，经过几年的艰苦磨炼，他终于用断臂练成一手好书法，其作品被中国体育博物馆收藏，并得到当时中国书法家协会主席沈鹏的题词鼓励。

孟辉除练就一手好书法外，还是那么喜爱体育活动。虽然失去了左腿和右臂，但他仍坚持体育锻炼，他坚信"唯有创造才是欢乐"。1993年，他第一次千里单骑进北京申办奥运会，开始了他天涯独行的旅程。有了这一次的旅行经验，孟辉一发不可收拾，于1996年5月又告别亲人，离开营口，骑自行车经大连、山东、北京，然后从北京途经河北、安徽、江苏、上海、浙江、福建、广东，于1997年6月底到达深圳，迎接香港回归祖国。他的这番超越极限的壮举，经上海大世界吉尼斯总部核查，收入了吉尼斯世界纪录，成为世界上单腿独臂骑自行车行程最远的人。

1999年初，孟辉听说昆明将要举办世界园艺博览会，又第四次万里单骑，于5月1日赶去参加开幕式，并先后到了大理、丽江等地。孟辉被丽江古城的民风古韵和玉龙雪山的风光所倾倒，他计划在古城生活和工作一段时间，继续练习书法和写作，写下这里的山水人情。他受到纳西人的热情接待，并给他的生活和工作提供了帮助。

□故事感悟

人残志不短，孟辉用他的行动向世人证明了，只要有志气，不怕吃苦，就一定能和正常人一样有自己精彩的世界。

中国参加的残奥会

1984年6月，中国首次组团参加了在美国纽约举行的第七届残奥会，之后相继参加了1988年、1992年、1996年、2000年的残奥会。北京残奥会于2008年9月6日至9月17日举行。除马术比赛在香港举行，帆船比赛在青岛举行外，其余项目均在北京举行。中国队获得89枚金牌，位居首位。

生于忧患，死于安乐

孟子

舜发于畎亩之中，傅说举于版筑之间，胶鬲举于鱼盐之中，管夷吾举于士，孙叔敖举于海，百里奚举于市。故天将降大任于是人也，必先苦其心志，劳其筋骨，饿其体肤，空乏其身，行拂乱其所为，所以动心忍性，曾益其所不能。

人恒过，然后能改；困于心，衡于虑，而后作；征于色，发于声，而后喻。入则无法家拂士，出则无敌国外患者，国恒亡。然后知生于忧患而死于安乐也。

徐本禹岩洞支教

徐本禹（1981—　　），山东聊城人。1999年考入华中农业大学，2003年考取本校经济管理专业硕士研究生。同年去贵州贫困山区支教，2005年回校就读。徐本禹多次获得党和人民给予的荣誉，2004年被贵州省毕节市评为"优秀共产党员"，2005获共青团中央中国青年志愿服务金奖，2006年被评为"湖北省三好学生标兵"，2007年获"中国青年五四奖章"，2008年，荣获中国第十八届"十大杰出青年"，第七届"中国十大杰出志愿者""改革开放30年山东十大青年楷模"等荣誉。

1999年，徐本禹考上了华中农业大学。那年秋冬之交，天气很冷，他还只穿着一件单薄的军训服。一位同学的母亲送给了他两件衣服。第一次远离亲人，第一次远离家乡，第一次在外地得到好心人的帮助……让徐本禹永远不能忘怀。

2003年，徐本禹以高分考取了本校的硕士研究生。然而，2003年4月16日，徐本禹却决定放弃攻读研究生的机会，去岩洞小学支教。这让所有人大吃一惊……电话那头，听到这个消息的父亲哭了，用发颤的声音说："全家尊重你的选择，孩子，你去吧，我们没有意见……"

原来在2001年，他读大三的时候，偶然读到了一篇题为《当阳光洒进山洞里……》的文章："阳光洒进山洞，清脆的读书声响起，穿越杂乱的岩石，回荡在贵州大方县猫场镇这个名叫狗吊岩的地方。这里至今水电不通，全村只有一条泥泞的小道通往18公里外的镇子，1997年，这里有了自己的小学——建在山上的岩洞里，五个年级146名学生，三个老师……"读着读着，徐本禹哭了，他第一次知道了贵州的狗吊岩。

读完这篇文章，徐本禹开始在学校为岩洞小学募捐，他号召大家和他一起利用暑假时间到贵州支教，他决定要用自己的方式帮助山洞里的孩子，"给孩子们带去一些希望"。

在学校和同学们的支持下，2002年暑假，徐本禹带着募捐来的三大箱衣服、一口袋书和500元钱，第一次和几个同学坐上了开往贵州的火车。

徐本禹第二次来到狗吊岩村，与他同来的还有7名志愿者。后来由于水土不服等种种原因，志愿者们先后离开了。8月1日，最后一位志愿者也坐上了返回武汉的长途车，车窗内外，来送行的徐本禹与他无语对视。"如果感觉真的坚持不下去，就回学校吧，要不，你在这里自己开伙做饭也行，你这样也坚持不下去的。"同学的一番话让他对自己有些担心。

徐本禹住的小房间里很少见到阳光，这个小空间是他学习、备课、生活的地方，一张桌子上摆满了书籍，地上摆放着生活用品和好心人捐的物品，原本狭小的房间变得更加狭小。原来不吃辣椒的徐本禹到了这里之后，每天都要吃辣椒，而且这里的卫生条件很差，苍蝇到处乱飞，吃饭的时候经常发现苍蝇在饭里面。"当地情况就是这样，刚开始很恶心。我对自己说，就当没看见罢了。饿的时候，一顿可以吃三碗玉米饭。只有吃饱了，身体才能有保障，才能在这里支教下去。"

徐本禹在这里一周要上六天课，每天上课时间达8个小时。他自己负责五年级一个班，除了教语文、数学外，还要教英语、体育、音乐等。由于信息闭塞，学生们不了解外面的任何东西。学生写一篇200多字的文章里有20多个错别字是很普遍的现象。"刚开始上课的时候，我问全班40名学生中有多少人听说过雷锋的名字，结果只有4个人知道；全班没有一个人听说过焦裕禄；只有一个学生听说过孔繁森，我心中有一种钻心的痛，我不知道对这些孩子应该从什么地方教起。"

2004年4月，徐本禹回到母校华中农业大学并作了一场报告。谁也没料到，他在台上讲的第一句话是："我很孤独，很寂寞，内心十分痛苦，有几次在深夜醒来，泪水打湿了枕头，我坚持不住了……"本以为会听到激昂的豪言壮语的学生们惊呆了，沉默了。许多人的眼泪夺眶而出。

报告会后，他又返回了狗吊岩村，依然每天沿着那条崎岖的山路去给孩子们上课。

□故事感悟

到艰苦的地方去，到祖国需要的地方去，徐本禹这样做了。虽然他已经考上了硕士研究生，但他毫不犹豫地放弃了，他把知识和温暖带给了大山里的孩子们，他让阳光洒进了山洞里。

□史海撷英

徐本禹非洲支教

徐本禹硕士研究生毕业后，又毅然决定去非洲津巴布韦支教。在他的行李箱里，除了简单的衣物外，更多的是书本和学习用品，当然也有大量的胃药，胃病是在贵州支教时落下的。

临行前，他到导师家道别。他对导师说："读研阶段，一直忙于公益事业，所以今天向老师道歉。"

老师鼓励他说："无论是做公益事业还是做学问，目的都是推动社会进步。"

徐本禹打算在津巴布韦除推广汉语之外，还利用自己所学专业在当地搞系列调研。

是金子无论在什么地方都会发光的，相信徐本禹的道路会越走越宽广。

■文苑拾萃

经师易遇，人师难遭

"经师易遇，人师难遭"比喻能够传授知识的老师多得很，能够育人的老师就不多了。

此典出自晋代袁宏《汉纪·郭泰传》："经师易获，人师难得。"

东汉末年，有个大学者名叫郭泰，他道德品质十分高尚。一天，他看见一个十二三岁的童子正在给他打扫书房，那童子长得眉清目秀，而且举止有礼。于是他就问那个童子说："你叫什么名字？几时来的？"那童子彬彬有礼地答道："我叫魏昭，是这两天才由府上总管收下来的仆人，分派我给您做清洁工。"郭泰问："你认识字、读过书吗？"魏昭说："读了一点。"于是郭泰拿起一本较容易的书考他，他都能对答如流，郭泰觉得这孩子不但聪明，而且很有学问。郭泰说："你有这么好的素质，应该继续学习啊，来这里做仆人岂不是浪费青春吗？"魏昭说："我是专门投到您府上来的，因为我听说'经师易遇，人师难遭'，所以想到您身边来，学习怎样做人啊！"郭泰听了，深深地被这孩子积极进取的行为感动，于是收魏昭做自己的学生，尽心竭力地教育培养他。魏昭后来成为一个德才兼备的学者。

"经师"：教书的教师；"人师"：育人的老师。

第五篇

闪闪的红星传万代

拄着拐杖到陕北

　　钟赤兵（1914—1975），原名钟志禄，湖南省平江县城关镇人。1929年加入中国共产主义青年团。1930年加入中国共产党，同年参加中国工农红军。土地革命战争时期，任红三军团第五军三师宣传员、连政治委员、师军需处政治委员，第四师十二团总支部书记、团政治处主任、团政治委员，第五师政治部主任、政治委员，军委后方政治部主任，后方梯队政治委员，陕北省苏维埃政府军事部部长，军委一局局长。他参加了长征，并在一次战斗中失去了一条腿，被誉为"独腿将军"。解放战争时期，任北满军区政治部主任、东北民主联军后勤部部长兼政治委员、第四野战军特种兵部队炮兵纵队政治委员。中华人民共和国成立后，任中央军委民航局局长、中国人民解放军防空部队政治委员、总后勤部营房管理部部长、贵州省军区司令员、中国人民解放军武装力量监察部副部长，广州军区副司令员，国防科委副主任。1955年被授予中将军衔。第三、第四届全国人民代表大会代表，中国人民政治协商会议第一、第二届全国委员会委员。

1930年，受尽老板打骂、虐待的织布厂学徒、16岁的钟赤兵离开家乡，参加了红军。同年由共青团员转为共产党员。他参加了第一、二、三、四、五次反"围剿"，作战勇敢，多次受伤，17岁就当上了连队指导员，18岁担任红三军团四师十二团政委。

红军第五次反"围剿"失败后被迫长征。1935年1月，党中央在长征路上召开了"遵义会议"，确立了毛泽东的领导地位。2月，毛泽东和中央军委决定二渡赤水，先夺取娄山关，再回攻遵义城。中央军委把攻占娄山关的任务交给了红三军团，红三军团则命令十二团和十三团为先锋团。钟赤兵此时担任十二团政委。

在指挥夺取娄山关的战斗中，随三营行动的钟赤兵左腿负了重伤。二营教导员谢振华闻讯，立即带领五连、六连前去救援。只见钟赤兵躺在路旁草地上，一位参谋和一位警卫员正在为他包扎伤口。由于失血过多，钟赤兵已处于半昏迷状态。战士们把他抬下了火线。整个战斗持续了两个多小时，红军全歼守敌两个团，夺取了娄山关，乘胜向遵义进军。

红军第二次占领了遵义，钟赤兵在城里做手术把负伤的腿锯掉了。部队还要继续长征，而钟赤兵的伤短期内又好不了。是留在群众家里养伤呢，还是跟部队走？钟赤兵对前去看望他的军团首长坚定地表示："我坚决要求跟着部队走，爬，我也要跟上部队。无论如何，我决不离开红军队伍。"

长征不仅仅是长途跋涉，还要边走边打，要爬雪山、过草地，同时既缺医少药，又缺衣少粮。即使身体健康的人挺过去也十分不易，而钟赤兵刚刚锯掉一条腿，他要挺过去就更加艰难了。起初，走平路时，战友们用担架抬着他走；遇到悬崖峭壁，担架抬不过去，他就拄着棍，一颠一跛地前进。每迈一步，伤口便剧烈地疼痛，脸上豆大的汗珠直往下掉。有时实在难以拄棍通过，他就在地上爬着走。后来，当他的伤口稍有好转时，他就让战友把他扶上马，骑着马走。

部队进入彝族、藏族地区时，当地的反动武装不断打冷枪袭击红军，部队行军要求隐蔽和疏散。钟赤兵为了战友的安全，为了缩小行动目标，坚决不坐担架，硬是咬着牙坚持一个人拄着拐杖步行。红军经过腊子口时，他的伤口又发炎了，发起了高烧。可是当他得知另外一个同志也在发高烧时，便毅然把照顾自己的担架让给了那位发高烧的同志，自己拄着棍子走路。

就这样，钟赤兵实现了自己的决心和诺言，拄着棍子走到了陕北。

▌故事感悟

面对长征途中的种种艰难困苦，钟赤兵没有丝毫畏惧，拄着拐杖走完漫漫长征路。环境造就人，更造就强者。坚定的信念就会产生坚韧的毅力，坚韧的毅力就能克服看似不可能跨越的艰难险阻。老一辈的革命者给我们树立了光辉的榜样。

▌史海撷英

中国抗日战争

中国抗日战争从1937年7月7日的"卢沟桥事变"开始，是由日本帝国入侵中国引发的战争。主战场在中国大陆，两国军队鏖战八年，至1945年9月2日，以中国的胜利而告终。中国的抗日战争是世界反法西斯战争的重要组成部分，抗日战争的胜利对世界反法西斯战争的胜利做出了不可磨灭的历史贡献。

抗日战争是自鸦片战争以来中国人民第一次获得完全胜利的反侵略战

争，洗刷了中华民族的百年耻辱，是中华民族由衰败到振兴的转折点，为中国新民主主义革命的胜利奠定了基础。中国战场是反日本法西斯侵略的重要战场之一。

□文苑拾萃

长　征

冯建吴

弹雨枪林马不前，一桥飞渡箭难弦。
身肩民族存亡贵，写得光辉历史篇。

红军翻越玉龙雪山

刘群先(1907—1942)，江苏无锡刘潭桥黄岸头村人。1934年10月参加长征，历任红一方面军妇女队队长、干部休养连工作组组长。到陕北后继任全国总工会女工部长。后去苏联治病，在苏联卫国战争中牺牲。

1936年春，红二军团五师在乌蒙山地区回旋转战以后，又紧急西进。他们横跨富民、兵川、鹤庆，直奔丽江，接着从石鼓、巨甸渡过金沙江后，到达了海拔5500多米的玉龙山下。

玉龙山脉群峰连绵，雪片纷飞，整个山脉就像一条晶莹蜿蜒的玉龙。这时，前面有人唱起了快板："攀玉龙，翻玉龙，红军个个是英雄！同志们，努力爬，北上抗日把敌杀！"

大家正奋力爬着，突然传来消息说前面有敌情。紧接着前面就响起了步枪、机枪声。大家都在聚精会神地注视着前面。不一会儿，又传来一个令人悲喜交加的消息：阻击我们前进的匪徒被先头部队打垮了！令人悲痛的是，几名同志在这次战斗中受伤和牺牲了，其中十二团参谋长高利国在率领先遣骑兵分队歼灭匪徒冲到山腰时，被敌人的滚木礌石击中而壮烈牺牲了。

消息传来，大家心情十分沉痛。高利国是二军团一位有名的战将。他在长征途中沉着勇敢，机智灵活，指挥有方，打了许多漂亮仗，立下战功。一个排长悲愤地高声讲道："同志们，我们要化悲痛为力量，要以高利国参谋长为榜样，学习先烈为革命不怕流血牺牲的精神，征服面前的这座大雪山！"排长的话音一落，大家紧了紧腰间的小包袱，整理了一下身上的着装，一个紧跟一个向玉龙山上爬去。

路，越走越窄；云，越来越低；雾，渐渐地遮挡了红军战士的视线。为了防止迷路和掉队，后面的同志踩着前面同志的脚印往前爬。当爬到危险地段的时候，排长站在一旁，高声提醒大家："这里积雪很深，行走时要特别小心！据先头部队说，有个挑担子的同志，被一阵风刮倒，不小心被冰雪埋葬了。我们必须从雪里走出一条路来，一定要注意安全。"大家听了排长的话，精神更加振奋，精力更加集中，互相照顾，个个跟得更紧，脚步踩得更稳。爬到雪山风口时，虽时值夏季，但阴冷的寒风一阵阵向队伍袭来。大家穿上所有的衣服，披上绒毯，依然冷得打着寒颤，就是喝几口辣椒水也止不住地哆嗦。远处的山峰，近处的断崖，都笼罩在一片云雾中。前面部队刚踩出的脚印，不一会儿就变得模糊了。雪一会儿齐脚，一会儿齐腿肚。窜到裤腿里的雪，马上化成凉水，裤腿下半截冻得梆硬。腿脚磨破了，鲜血直流，穿着草鞋的脚板冻得钻心地疼。往山下看去，长龙似的队伍，被沉沉的云雾一截截切断。

只能攀登，不能停留！同志们互相勉励着。

只能向前，不能回头！大家互相告诫着。

越往上爬，空气越稀薄，高山反应越大，脑袋好像胀了好几倍，两眼冒着金花，就像许多萤火虫在眼前乱飞，胸口好像压着块大石头，嗓子干得要命，嘴唇也很难闭上。两条腿重千斤，每迈一步都要费好大力气，但谁也不敢停下来休息一下。大家都知道，我们的红军有坚定的革命意志，有乐观的革命精神，有手足般的同志友情，严寒、危险、疼痛、疲倦都吓不倒英雄的红军战士。路越来越难走，积雪越来越深，气温越来越低。部队在深雪里艰难地、谨慎地向前行进着，终于在当天下午3点左右到达了玉龙山顶。回首远眺，横接天际、起伏绵延的大雪山，终于被红军战士踩在了脚下。

进入雪山以来，部队没吃过一顿饱饭，没睡过一夜好觉，每夜都有同志因冻、饿、病、累而站不起来。每当晨曦初露，大家准备新的行军，迎接新的考验的时候，第一件事便是向那些已经长眠在征途上的同志挥泪告别。每当翻过一座山，黄昏时燃起一堆篝火的时候，他们预感到，今夜可能又有亲爱的战友在此地与大家永别。队伍继续向前行进着，大家默默地铭记着烈士们的名字，一步一步地继续走在万里长征的路上。

■故事感悟

红军战士们以坚强的意志、坚韧的毅力和顽强的精神，战胜严寒、危险、疼痛、疲倦等重重困难，终于翻越了玉龙山，走向了胜利。

■史海撷英

红军长征途中的第六次会师

红军在长征途中有七次会师。1935年11月19日，红军二、六军团主力17000多人在贺龙、任弼时等同志率领下自湖南桑植出发，开始战略转移，在湘中、汀黔边、滇北一带开展游击战争。1936年3月，张国焘和朱德联名电令二、六军团渡金沙江北上。4月，二、六军团分两路北上，六军团为右路，6月6日，先头部队第十六师与前来接应的红四方面军先头部队在川西理化以南会师；二军团为左路，6月30日抵达甘孜以西绒坝岔路与四方面军三十军八十八师会师。7月2日，二、六军团同红军总司令部和四方面军在四川甘孜胜利会师，奉命编为红军第二方面军。这是红军长征途中的第六次会师。

■文苑拾萃

长征纪事

陈宇

当年旗竖井冈山，朱毛星火势燎原。

铁锤锻铸南中国，镰刀挥裁半边天。

正是赤焰翻腾日，王明左倾误路线。

六路分兵垒对垒，最愤广昌收场战。

五次围剿难破敌，被迫转移胆未寒。

大军虎跃出瑞金，雨浇火把燃林间。

勇突五岭四重围，血浴宜章奋危艰。

枪折弹尽用棍棒，木断石绝以牙拳。

血祭湘江刀卷刃，出征未捷兵减半。

月冷霜重夜朦胧，乌蒙路遥苗岭远。

三天三夜过戈壁

李天焕（1912—1986），1912年7月生，湖北省黄安（今红安）县叶河乡大山岗村人。1935年3月参加红四方面军长征。1936年11月至1937年3月，任红军西路军第三十军政治部主任。1937年5月经游击转战去新疆，同年秋回到延安。抗日战争时期，1938年冬，任八路军冀中军区第十支队（第四军分区）政治部主任、党委委员。1940年秋，任晋察冀军区第五分区政治委员兼政治部主任、第五地委常务委员。1941年至1943年，任晋察冀边区政府公安局局长、党组委员。1943年冬，任晋察冀军区政治部组织部部长、党委副书记。李天焕曾参加了"百团大战"和反"扫荡"斗争。

红军三大主力会师后，党中央组织了西路军西征，力图打通新疆去往苏联的通道。红军西征遭到国民党马家军的疯狂进攻，最终失败。被打散的红军小股部队奉命前往新疆星星峡集中。

夜渐渐深了，气温骤然变冷。西路军红三十军政治部主任李天焕和战士们一样，拖着沉重的脚步向西北行进。茫茫戈壁，月光朦胧。队伍静悄悄，只有鞋子踩踏石子的声音。

这时，李主任听到一个战士和带路的老向导攀谈。战士问老大爷，这片戈壁滩这么大，明天能不能走出去。老向导耸耸肩膀，告诉这个战士，走出这片戈壁滩，到达星星峡，不要说两条腿，就是骑着马走，也得六天时间。

另一个战士却信心十足地说："红军都是飞毛腿，顶多走三天。"

老向导对自己的估计很有把握，他和战士们打赌。

下半夜，这支红军部队确信已甩掉了追击的敌人，便停下来休息。大家拔了些红荆、骆驼刺之类的柴草，又摸索着拣了点牛粪，烤起火来。战士们围着火堆，烤烤前胸，烤烤后背，然后干嚼几口炒青稞，便挤在一起睡了。

过了两三个小时，天亮了，部队继续前进。太阳升起来，气温也随之直线上升。从严寒到酷热，中间只隔几个小时。战士们都热得满脸涨红、汗流浃背，渴得嘴里直冒火。可是，在这茫茫的戈壁滩上，哪里能找到一滴水呢？口渴似乎比肚饿更加难耐，许多战士因脚步迟缓，头昏脑涨，落在了后面。一些疲弱不堪的战马，偶尔溺一点尿，都被用喝水的缸子接着，送给实在支持不住的战士喝。但是马和人一样，由于缺水，这时也没尿了。

老向导是戈壁滩上长大的人，耐渴，开始他还能支持得住，但午后他也有些支持不住了。这时很多战士开始发烧，说不出话来，有的人勉强说出一个字来，就是"水"，这些同志已经十分危险了。老向导提议杀马，但有的战士反对，有个快渴死的战士还爬起来，指指马、摆摆手。战士们对战马的这种感情是可以理解的。战马从西渡黄河就与战士们一起行军作战，同样经历了千辛万苦，今天已瘦成了骨头架子，怎么能忍心杀掉呢？老向导发了火，他说："人要紧，还是马要紧？老百姓盼着红军回来，红军不爱惜自己行吗？有人还愁弄不到马吗！"李天焕主任和其他部队首长考虑了当时的情况，决定将几匹瘦马杀掉，取出血来，抢救那些渴得快要死掉的战士。马血确实拯救了这些战士，使他们又鼓起了精神，跟着部队继续前进了。

戈壁滩白天热得像火炉，晚上又冷得像冰窖，红军战士们就在这大戈壁滩上走了三天三夜。这时，前面出现了一个山冈，几个侦察员回来报告说，那个山冈下有水。这个消息使大家欣喜若狂。大家三步并两步地向山冈奔去。果然，在山脚下有一个水坑。战士们一拥而上，有的跪着，有的趴着，痛痛快快地喝起来，直喝得肚子像西瓜似的。战马也都挣脱了缰绳跑到水边痛饮。

战士们喝足了水，顿时精神倍增，信心十足，什么都不怕了，就是走到天边也得见到中央代表！李天焕主任想起那天夜里老向导和战士打赌的事，走到老向导身边拍拍他的肩膀说："老同志，你和我们的战士打赌赢了吗？"老向导挑起大拇指，笑得翘着麦芒似的胡子说："我认输，我认输，六天的路，你们只走了三天，前边就是进入新疆的关口星星峡了。"

红军战士们就是这样走出了戈壁，奔向了星星峡。

■故事感悟

红军三天三夜过戈壁，就算即将渴死的时候也不放弃。前方有绝路，希望在拐角，只有坚持下去就能到达有光辉的彼岸。

《悲壮的历程》

该书由程世才著，春风文艺出版社 1959 年出版。

该书是原红军西路军将领程世才将军的回忆录。作者通过自己的亲身经历，讲述了西路军西征途中与凶残的马家军英勇战斗的可歌可泣的事迹，和西征失败后克服千难万险重回延安的经过。

饿不倒的钢铁战士

杨靖宇（1905—1940），中国无产阶级革命家，著名抗日民族英雄，鄂豫皖苏区及其红军的创始人之一，东北抗日联军的主要领导人之一。在抗日战争中壮烈牺牲，被评为100位为新中国成立做出突出贡献的英雄模范之一。

1940年1月的一天，东北抗日联军第八军第一师师长陈绍滨带领100多名干部和战士，在宝清县一带的森林中突破了日军的残酷"扫荡"之后，奉命翻过小兴安岭，远征到金沟——灰宝沟一带的抗日根据地，去接受新任务。

大森林中风雪弥漫，整个天地都在呜呜地呼号，气温在零下30多度，敌情又特别紧张。部队最大的困难是没有粮食，他们已经饿着肚子走了两天了，而这次远征的路程超过两千里，要经过小兴安岭和原始森林，计划要走27天才能到达目的地。然而，空着肚子怎么能完成这次远征呢！陈师长和政治部张主任苦思着对策。听说这附近隐居着过去旧军队的一个牛营长，陈师长带了些战士去找他借粮。几经周折，好不容易找到了牛营长。牛营长在言谈中深为共产党领导的这支人民军队的抗日精神所感动，当即把仅有的900斤苞米全卖给了他们。陈师长给每人分了8斤，虽然这还不够所需的一半，但同志们还是万分感动，精神抖擞地出发了。

白天，大家顶着风雪在树林中穿梭前进，夜晚把地上的积雪扫一扫，生起几堆火，大家就围着火堆睡在地上。张主任总是在这时候借着火光给同志们缝补衣服，或督促别人把衣服破的地方补一补。开始两天走得很顺利，虽然摆脱不了寒冷，但可以吃到热食物。队伍很快就走到林子边缘，要突破日军的封锁线才能进入另一片森林。由于抗联的同志对地形不熟，一下子走到了敌人的防区，与敌人遭遇了。由于事发突然，敌人也没有准备，抗联的同志们连续两次冲锋打跑了敌人。陈师长命令队伍马上转移。这时大家才发现张主任胸负重伤躺在地上。几个同志背起张主任，队伍急行军撤到几公里外的一个密林里。这时，张主任醒过来，看着大家说："我不行了……把我的毛大衣脱下去，给别的同志穿上……同志们坚持吧……革命……会成功的……"他话还没说完就闭上了眼睛。陈师长泪如雨下，战士们也都抽泣起来。张主任是党中央派来的老红军干部，平时常给大家讲革命道理，讲红军长征的故事，要求大家坚定地走红军的道路，坚持抗日到底。同志们打开他留下的挎包，里边装的全是针线、破布头、纽扣等，他平日一有空就帮同志们缝补衣服。多么可敬可爱的一位老红军啊！大家决心坚决走下去，多打鬼子，为张主任报仇。

队伍又向前走了10天，粮食早就吃光了。大家原以为可以边走边打野味充饥，谁知走了这么长的路连一根兽毛也没碰见。于是，干部们把自己的皮包和皮带拿出来给大家煮着吃了。随后，又有人把鞋子上的靰靴脱下来，和着树皮吃了。靰靴皮里有一种硝，吃了之后，大家的脸都浮肿起来，眼睛肿成一条缝，体质弱的同志病倒了，加上又冷又累，有几位同志再也起不来了，其他同志靠啃树皮又走了两天，有些同志的两腿开始发抖，眼前发黑，可是谁也不敢坐下休息，因为一坐下很可能就起不来了。同志们心里默念着："前进！前进！……"没有人叫苦叫累，更没有人打退堂鼓。陈师长走在队伍最前面，用饿得发颤的声音鼓励大家："同志们！我们是共产党领导的部队，不能等着饿死，没有办法也要想办法，没有出路也要找到出路……"他还说："只要还有一口气，就要坚持走下去！万一饿得倒下了，我们谁也不后悔，我们是为了抗日，为了民族解放而光荣献身的……"

陈师长的鼓励，激励着大家一歪一晃地又向前走了100多里。眼看大多数同志饿得实在走不动了，陈师长突然喊着："同志们，快来看呀！"大家向他手指的地方一看：一串马蹄印清晰可见，蹄印里有稀稀拉拉掉下来的几颗大米粒。大家顺着蹄印向前寻找，翻过一座山丘，突然看到雪地上有一条踩得发亮的小路，路旁放着两袋子大米。饿极了的同志们抓起生米就嚼，同时分析着大米的来路。后来，他们看到了一群穿白大褂、印有红十字标记的妇女，问清楚是抗联第三军后勤部医院的同志，大家欢呼起来："到啦，我们到了目的地啦！"

这群饿不倒的铁汉子迅速汇入新的铁流，担负起新的使命……

■故事感悟

为了中华民族的解放，只要还有一口气，就要坚持下去。这就是抗日战士的信念，他们以顽强的毅力战胜艰难险阻，为抗战的胜利谱写了可歌可泣的英雄赞歌。

淞沪会战

"淞沪会战"是1937年8月13日至11月12日,中国军队抗击侵华日军进攻上海的战役,又称作"'八一三'淞沪战役"。这场战役是中国抗日战争中的第一场重要战役,也是整个抗日战争中进行的规模最大、战斗最惨烈的一场战役。这场战役标志着抗日战争全面开始。

"淞沪会战"自1937年8月13日晨爆发,日军以日租界和黄浦江上的军舰为基地向闸北一带进行炮击,我军奋起还击开始,至11月12日我军西撤结束。

日军曾狂妄地宣称一个月内占领上海,我国先由冯玉祥,后由蒋中正(兼)任第三战区司令长官指挥,先后调集中央部队,广东、广西、湖南、四川、贵州、云南等地部队和税警总团,中央军校教导总队,以及部分省市保安总队,总计兵力约70万余人,奋勇迎战。

"淞沪会战"挫败了日军中央突破、速战速决的战略意图,粉碎了他们三个月灭亡中国的美梦,是我国从局部抗战转向全面抗战的历史转折点。

■文苑拾萃

滨江抒怀

赵一曼

誓志为国不为家,涉江渡海走天涯。
男儿岂是全都好,女子缘何分外差?
未惜头颅新故国,甘将热血沃中华。
白山黑水除敌寇,笑看旌旗红似花。